A Formação do Vínculo Contratual:

o problema (da proteção) da integridade do consentimento no âmbito do contrato de trabalho

DÉBORA JUGEND

Mestre em Direito do Trabalho pela Faculdade de Direito da Universidade de Coimbra-Portugal. Especialista em Direito do Trabalho pela Universidade Castelo Branco (2006). Bacharelado em Direito pela Universidade Tuiuti do Paraná (2003). Professora da Estácio Curitiba nas disciplinas de Direito do Trabalho, Direito Processual do Trabalho, Prática Simulada III e Monografia II na graduação do curso de Direito.

A FORMAÇÃO DO VÍNCULO CONTRATUAL:

o problema (da proteção) da integridade do consentimento no âmbito do contrato de trabalho

LTr

EDITORA LTDA.
© Todos os direitos reservados

Rua Jaguaribe, 571
CEP 01224-001
São Paulo, SP — Brasil
Fone (11) 2167-1101
www.ltr.com.br

LTr 4574.1
Abril, 2012

Dados Internacionais de Catalogação na Publicação (CIP)
(Câmara Brasileira do Livro, SP, Brasil)

Jugend, Débora

   A formação do vínculo contratual : o problema (da proteção) da integridade do consentimento no âmbito do contrato de trabalho / Débora Jugend. — São Paulo : LTr, 2012.

   Bibliografia

   ISBN 978-85-361-2090-4

   1. Contratos de trabalho — Brasil I. Título.

12-02537	CDU-34:331.116(81)

Índice para catálogo sistemático:

1. Brasil : Contratos de trabalho : Direito trabalhista   34:331.116(81)

Dedico o presente trabalho ao meu avô,

Chaim Israel Jugend, o patriarca da família;
fonte inesgotável de sabedoria; modelo de perseverança;
admirável pela força.
Com todo o meu amor.

Agradecimentos

Ao meu pai, Marcelo Jugend, quem primeiro me despertou para o Direito; meu maior exemplo de caráter e profissionalismo; meu sócio; meu suporte diário durante a minha estadia em Portugal; pelas palavras certas nas horas certas; por acreditar mais em mim do que eu mesma. Não há palavras suficientes para expressar a homenagem devida: obrigada por viver esse sonho comigo!

À minha mãe, Rosita M. Wilner, pela paciência; pela compreensão diária; por se fazer presente em todos os momentos em que a saudade parecia não aguentar.

Sumário

Considerações Introdutórias 13

Capítulo I. Aspectos Relevantes do Contrato de Trabalho

1. O contrato de trabalho 17
2. Função social do contrato de trabalho 19
3. A boa-fé objetiva como princípio informador do contrato de trabalho 22

Capítulo II. O Contrato de Trabalho e a Problemática da Manifestação de Vontade do Trabalhador

1. Contrato de trabalho como negócio jurídico 29
2. A vontade na formação do contrato 35
   - 2.1. Declaração de vontade 35
   - 2.2. Divergência entre vontade e declaração 37
   - 2.3. A autonomia privada 41
3. Os vícios da vontade 47
   - 3.1. Vícios da vontade e da declaração 48
     - 3.1.1. Coação física e falta de consciência na declaração 49
     - 3.1.2. Incapacidade acidental 51

      3.1.3. Declarações não sérias 51
      3.1.4. Reserva mental 52
4. Os vícios da vontade propriamente ditos 53
   4.1. Coação moral 54
   4.2. Erro 56
   4.3. Dolo 60
   4.4. Simulação 61
5. Aplicação dos defeitos do negócio jurídico no direito do trabalho 64
6. O consentimento como expressão da vontade do trabalhador 66
   6.1. A manifestação de vontade do trabalhador 67
7. A fragilidade do trabalhador como contratante 73
8. Hipóteses de metodologia jurídica para o protecionismo 79
   8.1. Existência ou não de soluções práticas no direito vigente 80
      8.1.1. A resposta por meio dos vícios da vontade 80
      8.1.2. Outros enquadramentos jurídicos 86

Capítulo III. Consequências Práticas

1. Contrato de trabalho por adesão e cláusulas contratuais gerais 93
2. Alteração contratual unilateral 97
   2.1. As cláusulas de mobilidade funcional e geográfica 99
      2.1.1. Mobilidade funcional 99
      2.1.2. Mobilidade geográfica 100
   2.2. Análise do pacto de opção no contrato desportivo 104

Conclusão 109

Referências Bibliográficas 113

"Todo homem apenas faz o que deseja e, portanto, age de modo necessário. E a razão está no fato de que ele é já aquilo
que quer: porque tudo o que ele faz decorre naturalmente do que é".

(O Livre Arbítrio — Artur Schopenhauer)

"Um homem se humilha se castram seu sonho
Seu sonho é sua vida e a vida é trabalho
E sem o seu trabalho um homem não tem honra
E sem a sua honra se morre, se mata."
(Um homem também chora — Guerreiro Menino — Gonzaguinha).

Considerações Introdutórias[1]

O Direito do Trabalho tem o intuito primeiro de regulamentar as relações entre empregadores e trabalhadores, tendo em vista a situação desigual surgida desde os primórdios de efetivação da mão de obra humana. Em sede laboral, percebeu-se a tamanha desigualdade experimentada pelas partes envolvidas nas relações de labor e não podia o Estado cruzar os braços diante de tão significativas consequências acarretadas pelo desequilíbrio contratual.

Cumpre ressaltar que o surgimento do trabalho vem de épocas remotas. Até mesmo antes da Revolução Industrial o trabalho era servil e, para mais além, o regime que predominava nas relações de trabalho era a escravidão. Foi a partir do liberalismo político, após as Revoluções Industrial e Francesa que surgiu o intervencionismo estatal, trazendo para o ordenamento jurídico normas regulamentadoras que almejavam nivelar as partes contraentes no contrato de trabalho.

E é nesse sentido que aparece o ramo jurídico laboral. Nascido para proteger o trabalhador, impôs regras que suplantassem o caso concreto, as situações encontradas no cotidiano de trabalhadores e empregadores. Devem, portanto, ser diferenciadas das demais normas jurídicas, por sua demasiada importância *social, política e econômica*, já que representam as condições de existência de uma grande parte da população, que depende dos seus regramentos para manutenção do *caráter humano ou desumano da vida dos trabalhadores e das suas famílias*[2].

Fundamental, nas normas editadas então pelo Estado, era conferir limites à liberdade de contratação que, uma vez deixada ao léu do empregador, poderia acarretar a inserção cada vez maior de cláusulas abusivas em desvantagem para o trabalhador, a parte débil economicamente, que aceitaria tudo que lhe fosse imposto, tendo em vista a necessidade subjacente do emprego.

---

(1) O presente trabalho está escrito de acordo com a Língua Portuguesa do Brasil, segundo as normas da ABNT — Associação Brasileira de Normas Técnicas.
(2) MARTINS, João Zenha. O novo código de trabalho e os "contratos de trabalho com regime especial": pistas para o enquadramento do contrato de trabalho desportivo. In: *Separata da Revista do Ministério Público*, Lisboa: Minerva, n. 95, p. 31, 2003.

Muito bem justificam a necessidade de intervenção estatal nas relações de trabalho, os dizeres de Fábio Ferraz[3]:

> O individualismo contratual dá lugar ao dirigismo contratual, à intervenção jurídica do Estado, limitando a autonomia da vontade. O Estado passou a buscar um equilíbrio entre os sujeitos do contrato, deixando de ser mero espectador do drama social para impor regras conformadoras da vontade dos contratantes. Protege economicamente o mais fraco para compensar a desigualdade econômica, para que a relação se torne mais igualitária. O Direito do Trabalho vem para igualar juridicamente a diferença econômica. O intervencionismo vem para realizar o bem-estar social e melhorar as condições de trabalho. O trabalhador passa a ser protegido jurídica e economicamente. A lei começa a estabelecer normas mínimas sobre condições de trabalho, que o empregador deve respeitar. Assim, passa o Estado a exercer sua verdadeira missão, como órgão de equilíbrio, como orientador da ação individual, em benefício do interesse coletivo.

No entanto, a sociedade, assim como as relações dela advindas, está sempre em mutação e não é diferente no Direito do Trabalho. Concretizado o entendimento de que não existe uma igualdade formal entre as partes contraentes em um contrato de trabalho e que sem a efetiva atuação do ordenamento jurídico haveria sempre a imposição do mais forte sobre o mais fraco, além da intervenção do Estado, surgiu a necessidade de adaptar as regras já existentes para um novo mercado capitalista.

No presente estudo não se coloca em cheque a função protecionista das leis trabalhistas e nem se clama para que sejam revogadas. Não, não é esse o objetivo. O que se analisa aqui são as possibilidades de proteger ainda mais o trabalhador, com o escopo único de ver a sua vontade respeitada em um momento contratual em que a sua desvantagem é mais do que evidente[4].

Para propor soluções e examinar cuidadosamente o assunto, propõe-se inicialmente discorrer acerca de algumas figuras civis. Assim, uma análise pormenorizada sobre o conceito de contrato de trabalho e a sua função social restou imprescindível.

Estudar a boa-fé quando se está diante de um tema com embasamento contratualista é fundamental e, por esse motivo, encerra-se o primeiro capítulo avaliando como se processa a aplicação desse instituto no Direito do Trabalho. Busca-se colocar a boa-fé como princípio informador, consolidando que é necessário o seu uso nas fases pré e pós-contratual, baseando-se sempre na confiança entre as partes.

---

(3) FERRAZ, Fábio. *Evolução histórica do direito do trabalho*. Disponível em: <http://www.advogado.adv.br/estudantesdireito/anhembimorumbi/fabioferraz/evolucaohistorica.htm> Acesso em: 11.1.2009.
(4) É sabido que uma nova revisão do Código do Trabalho está para entrar em vigor. Entretanto, não foi encontrada nenhuma alteração legal que significasse mudança substancial no presente trabalho.

Em um segundo momento, este livro procura harmonizar o contrato de trabalho dentro do gênero civilista de negócio jurídico. É então esse capítulo o cerne do presente estudo, em que o foco principal é a manifestação de vontade emanada pelo trabalhador e a necessidade de proteção desse ato que, teoricamente, deveria ser voluntário, livre e desimpedido de vícios.

Discorre-se, assim, acerca dos vícios da vontade, procurando encontrar uma forma de enquadrar o aceite do trabalhador quando da conclusão contratual dentro de uma das modalidades dos defeitos jurídicos. Analisa-se, inclusive, a possibilidade da não existência de manifestação de vontade por parte do trabalhador.

Para embasar tal pensamento, é estudada com cuidado a posição de fragilidade em que se encontra o trabalhador. O argumento de suma importância para sustentar a necessidade de um aprimoramento doutrinário e legislativo que proteja, única e exclusivamente, a integridade do consentimento do trabalhador, encontra-se no fato de que para o empregado não existe alternativa, não lhe é dada a opção de contratar ou não contratar.

É o contrato de trabalho um meio de inserção social, sem o qual o indivíduo é renegado a uma posição de exclusão e deixado à margem da sociedade. Também se tem no contrato laboral o único modo lícito pelo qual pode o trabalhador adquirir a sua subsistência e a de sua família.

São esses os temas mais importantes tratados e ao final do segundo capítulo são colocadas algumas propostas para, quem sabe, encontrar soluções jurídicas para o problema aqui exposto.

Por fim, examinam-se as consequências práticas da situação de inferioridade do trabalhador. A inserção de cláusulas características de abuso por parte do empregador, aceitas pelo trabalhador e, via de regra, admitidas pelo legislador. Desta feita, analisa-se o contrato de trabalho como um típico contrato de adesão e os efeitos dessa modalidade contratual ao que bem se trata durante todo o trabalho: a impossibilidade de ter o trabalhador, no momento da celebração do contrato de trabalho, um consentimento íntegro, já que as cláusulas ali dispostas foram previamente elaboradas individualmente pelo empregador.

E, finalmente discorre-se sobre a legalidade do pacto de opção nos contratos desportivos, que, mesmo não se tratando do trabalhador médio, com ganhos mínimos, merece ser observado por um estudo que tem como tema central proteger a integridade do consentimento de toda a classe trabalhadora, já que todos, quando estão diante de seu empregador, encontram-se em uma posição desigual e inferior, se submetendo a regras que, na realidade, não são de sua inteira vontade.

Capítulo I

Aspectos Relevantes do Contrato de Trabalho

1. O contrato de trabalho

Não há como falar de contrato de trabalho sem antes tratar do conceito doutrinário de contrato.

Ressaltam-se desde logo que o Código Civil português, assim como o brasileiro, não definem o que é contrato, como faz, por exemplo, o Código Francês, no art. 1.101 e o Argentino, no art. 1.137.

Toma-se em conta, portanto, as definições descritas pela doutrina.

Nas palavras de Carlos Alberto da Mota Pinto[5]:

> O contrato, ou negócio jurídico bilateral, é formado por duas ou mais declarações de vontade, de conteúdo oposto mas convergente, que se ajustam na sua comum pretensão de produzir resultado jurídico unitário, embora com um significado para cada parte.

Trata-se, portanto, de um negócio jurídico bilateral ou plurilateral, formado pelo encontro de vontade das partes, "produzindo efeitos jurídicos conforme o significado do acordo obtido"[6].

Júlio Canello[7] citando Clóvis Beviláqua afirma que acepção dos contratos em geral pode ser entendida como "(...) o acordo de vontade entre duas ou mais

---
(5) PINTO, Carlos Alberto da Mota. *Teoria geral do direito civil.* 4. ed. por António Pinto Monteiro e Paulo Mota Pinto. Coimbra: Coimbra, maio 2005. p. 647.
(6) ALMEIDA, Carlos Ferreira de. *Contratos I* — conceito, fontes, formação. 3. ed. Coimbra: Almedina, jul. 2005. p. 37.
(7) CANELLO, Júlio. *Os contratos eletrônicos no direito brasileiro:* considerações preliminares. Disponível em: <http://www.angelfire.com/oz2/leituras/contratos.htm> Acesso em: 5.5.2007.

pessoas com a finalidade de adquirir, resguardar, modificar ou extinguir direito (...)".

Para Joaquim de Sousa Ribeiro[8] o contrato é um elemento de normação da ordem jurídica global da sociedade. Sendo então

> Um modo constituinte de juridicidade, uma fonte de normas de conduta juridicamente vinculantes, dotadas das garantias e sanções que são inerentes ao direito, normas a que cabe uma quota-parte da função ordenadora das relações sociais.

Analisando o conceito geral, claro é que o contrato de trabalho (como o próprio nome sugere) também se enquadra como contrato[9]. Entretanto, sua acepção positivada tanto pelo Código Civil quanto pelo Código de Trabalho, revela tratar-se de um modelo especial de negócio jurídico.

De acordo com o art. 1.152 do Diploma Civilista e o art. 10 do Código Laboral, entende-se como contrato de trabalho quando uma pessoa se obriga, mediante retribuição, a prestar a outra ou outras sua atividade[10], sob a autoridade e direção destas.

No Direito brasileiro, a CLT define o que é contrato de trabalho em seu art. 442 e conceitua empregado no art. 3º, não se diferenciando, na essência, do conceito português, uma vez que se trata do acordo de vontades, em que uma das partes (empregado) coloca à disposição de outra (empregador) a prestação de seus serviços pessoais, de forma não eventual, com subordinação e mediante recebimento de remuneração[11].

Todavia, resta claro que não se podem confundir as figuras contratuais civis e trabalhistas. É, indubitavelmente, o contrato de trabalho, um negócio jurídico que requer cautela ao ser analisado. Se não mais, por, no mínimo, dois motivos:

> A um porque só é caracterizado contrato de trabalho quando presente a subordinação. Caso contrário, nada fácil seria o discernimento entre os modelos contratuais civilista. Assim, são abrangidas pelo Direito Laboral

---

(8) RIBEIRO, Joaquim de Sousa. *O problema do contrato. As cláusulas contratuais gerais e o princípio da liberdade contratual.* reimp. Coimbra: Almedina, jun. 2003. p. 213.
(9) F. Mancini Advogado-Geral da União e então juiz do Tribunal de Justiça das Comunidades Europeias, citado por Jorge Leite, afirma que "precisamente no centro do sistema capitalista encontra-se, disfarçada de contrato, uma relação, essencialmente coercitiva e fortemente assimétrica, cujas partes são, necessariamente, reciprocamente hostis". LEITE, Jorge. *Direito do trabalho.* Coimbra: Serviços de Ação Social da UC. Serviços de Textos, 2004. v. I, p. 24.
(10) O Código Civil traz em sua definição a prestação da atividade intelectual ou manual. Já o Código de Trabalho deixou de utilizar tal classificação que era utilizada também pela LCT, art. 1º por acreditar desnecessária a qualificação da atividade prestada. MARTINEZ, Pedro Romano. *Código do trabalho anotado.* 5. ed. Coimbra: Almedina, 2007. p. 97.
(11) COELHO, Luciano Augusto de Toledo. Contrato de trabalho e a autonomia privada. In: *Contrato e sociedade.* Curitiba: Juruá, 2006. p. 140. v. II. A autonomia privada na legalidade constitucional.

apenas as situações em que o trabalho prestado é feito subordinadamente[12].

E a dois porque, como bem ressalta Jorge Leite[13], é inerente aos contratos em geral o comprometimento do devedor a efetivar a prestação a que se vinculou contratualmente. Mas é unicamente no contrato de trabalho que a prestação:

> (...) se define, se individualiza, no momento da sua execução e, sobretudo, que esta definição se opera através de um poder de dirigir a atividade do devedor, ou seja, o poder contratualmente adquirido segundo a corrente dominante, de programar e de conformar a prestação, de dizer, respeitados certos limites, *como, quando, onde e com que meios* deve o trabalhador realizara sua atividade.

Não trata o presente trabalho sobre distinções civilistas e laborais do que se entende por contrato, seja ele de trabalho ou não. Mas faz-se fundamental tal distinção para entender que quando se está diante de uma relação de emprego (subordinada), está-se também frente a uma figura contratual.

Entendeu-se importante estudar a formação do vínculo contratual do trabalhador, bem como a sua exteriorização de vontade, uma vez que a relação que se constitui quando da celebração do negócio jurídico, nesse caso específico, não é apenas patrimonial, mas, sim, muito mais do que isso[14].

2. FUNÇÃO SOCIAL DO CONTRATO DE TRABALHO

O processo de valorização do trabalho como instrumento da dignidade da pessoa humana do trabalhador deu início com a Revolução Industrial e foi a partir desse advento que os países passaram a ter uma maior preocupação em colocar o ser humano como detentor de direitos fundamentais.

Com o Tratado de Versalhes, em 1919, foi criada a Organização Internacional do Trabalho (OIT) que lançou em nível internacional o Direito do Trabalho como novo ramo autônomo da ciência jurídica[15]. E por meio dos seus enunciados, contidos na chamada Declaração da Filadélfia, em 1944 prescreveu que:

---

(12) MARTINEZ, Pedro Romano. *Direito do trabalho*. 3. ed. Coimbra: Almedina, jun. 2006. p. 38.
(13) LEITE, Jorge. Flexibilidade funcional. In: *Revista Questões Laborais*, Coimbra: Coimbra, ano IV, n. 9-10, p. 14/15, 1997.
(14) O já mencionado autor Jorge Leite cita Alonso Olea e Maria Emília Casas para explicar a relação pessoal que existe intrínseca ao contrato de trabalho: "Entre o trabalho que é objeto do contrato de trabalho e o trabalhador que é seu sujeito há (...), uma conexão tão íntima que faz da prestação de trabalho uma prestação *pessoalíssima*, não apenas no sentido estrito do termo de que é devida por pessoa determinada e que só ela a pode realizar, como também no seu sentido amplo e subtil, mas nem por isso menos jurídico, de que a sua realização compromete a pessoa e a personalidade do trabalhador". *Op. cit.*, p. 14.
(15) VILLELA, Fabio Goulart. *A função social do contrato de trabalho*. Disponível em: <http://midiajuridica.com.br/pagina.php?id=6040> Acesso em: 30.9.2008.

O trabalho não é uma mercadoria; a liberdade de expressão e de associação é uma condição indispensável para o progresso continuado; a pobreza, onde quer que exista, constitui um perigo para a prosperidade de todos; a luta contra a necessidade deve ser mantida com incansável energia no seio de cada nação e mediante esforço internacional contínuo e concentrado, com o qual os representantes dos trabalhadores e dos empregadores, cooperando em pé de igualdade com os dos governos, participem em discussões livres e decisões de caráter democrático com vistas a promover o bem comum.

Finalmente, em 1948, a Declaração Universal dos Direitos do Homem também veio a prever direitos trabalhistas[16]:

Art. XXIII. Todo homem tem direito ao trabalho, à livre escolha de emprego, a condições justas e favoráveis de trabalho, e à proteção contra o desemprego. Todo homem que trabalha tem direito a uma remuneração justa e satisfatória, que lhe assegure, assim como a sua família, uma existência compatível com a dignidade humana, e a que se acrescentarão, se necessário, outros meios de proteção social.

Art. XXV. Todo homem tem direito a um padrão de vida capaz de assegurar a si e a sua família saúde e bem-estar, inclusive alimentação, vestuário, habitação, cuidados médicos e os serviços sociais indispensáveis, e direito à segurança em caso de desemprego, doença, invalidez, viuvez, velhice, ou outros casos de perda dos meios de subsistência em circunstâncias fora de seu controle.

No ordenamento jurídico português constata-se a inclusão dos direitos, liberdades e garantias dos trabalhadores nos arts. 53 e 54 da CRP e o direito ao trabalho no Título III — Direitos e deveres econômicos, sociais e culturais — Capítulo I — Direitos e deveres econômicos, art. 58.

Atualmente, no Brasil, a Constituição Federal preconiza a dignidade da pessoa humana e os valores sociais do trabalho (CF/1988, art. 1º, III e IV). O trabalho foi alçado a direito social (CF/1988, art. 6º) e a valorização do trabalho humano erigida a fundamento da própria ordem econômica, a qual tem por fim assegurar a todos uma existência digna, conforme os ditames da justiça social, observados, dentre outros princípios, os da função social da propriedade e da busca do pleno emprego (CF/1988, art. 170, *caput*, III e VIII).

O Direito Laboral deve ter em conta a consecução dos interesses da pessoa humana e não apenas a proteção do seu patrimônio, objetivando a concretização de situações econômicas e sociais que lhe permitam a realização plena de seus anseios, sonhos e objetivos, devidamente fomentados e assegurados pelo Estado, como, por exemplo, na equalização das oportunidades de trabalho e de educação[17]. Deve-se, portanto, buscar a materialização do princípio da função social do contrato de trabalho.

---

(16) SILVA, Guilherme Oliveira Catanho da. *Função social do contrato de trabalho como limite no ato de extinção contratual pelo empregador.* Disponível em: <http://www.calvo.pro.br/artigos/guilherme_catanho_silva/guilherme_catanho_silva_funcao_social_contrato.pdf> Acesso em: 30.9.2008.
(17) *Idem.*

Para José Quintella de Carvalho[18], a função social do contrato pode ser associada com a finalidade e a conduta das partes contratantes e com a estratégia do Estado em regulamentá-las. Desta feita, função social se contrapõe à sua disfunção, ou seja, toda a ação que está em conformidade com os objetivos da sociedade e os valores coletivos seria chamada de *social*, e *antissocial* é a desvirtuação dos fins da coletividade.

A função social está associada ao posicionamento político estatal que acaba por estabelecer um mínimo ético exigível nas relações contratuais. No Direito do Trabalho tal premissa se torna essencial para a sobrevida desse ramo jurídico, uma vez que o trabalhador, hipossuficiente que é, clama pela intervenção do Estado quanto à regulamentação da autonomia da vontade e liberdade contratual.

Corroboram tal assertiva os dizeres do autor acima citado quando afirma que[19]:

> (...) em todo o âmbito de autonomia, prevalece sempre a regra básica de que a melhor vontade livre é a do mais forte, independente de seu grau de persuasão (...). Onde não há um poder de fato neutro que se sobreponha à relação entre desiguais, as soberanias ou as autonomias se confrontam até que se sucumba de diversas formas, inclusive por aceitação total de cláusulas propostas por quem tem maior poder de barganha.

No ordenamento jurídico civilista brasileiro, a função social do contrato está prevista no art. 421, que preconiza que "a liberdade de contratar será exercida em razão e nos limites da função social do contrato".

Ao entender que o contrato é visto como um fenômeno econômico-social, porque é um meio de circulação de riquezas, de distribuição de renda, que gera emprego, promove a dignidade da pessoa humana, ensina os cidadãos a respeitar o direito do outro, dando-lhes noção do ordenamento jurídico em geral, podemos concluir que a função social do contrato é promover o bem-estar e a dignidade dos seres humanos[20].

É dentro dessa concepção que surge a função social do contrato de trabalho que garante, nas relações de produção, a aquisição de novos valores econômicos, inserindo o elemento da organização produtiva e garantindo ao trabalhador valores de troca e sustento para a própria subsistência[21].

---

(18) CARVALHO, José Quintella de. A função social do contrato e o direito do trabalho. In: *Novo código civil e seus desdobramentos no direito do trabalho*. São Paulo: LTr, 2003. p. 39.
(19) *Ibidem*, p. 42.
(20) FIUZA, César. A principiologia contratual e a função social dos contratos. In: *Novo código civil e seus desdobramentos no direito do trabalho*. São Paulo: LTr, 2003. p. 49.
(21) COUTINHO, Aldacy Rachid. Função social do contrato individual de trabalho. In: *Transformações do direito do trabalho* — estudos em homenagem ao professor doutor João Régis Fassbender Teixeira. Curitiba: Juruá, 2002. p. 30.

A função social do contrato de trabalho no presente estudo tem o escopo de elucidar a falta de opção do trabalhador em assumir ou não determinado vínculo laboral. O contrato de trabalho é um meio de inserção social, cabendo ao empregado apenas a possibilidade de se adequar às normas impostas pelo empregador, o que lhe é praticamente obrigatório, tendo em vista a sua necessidade de subsistência[22].

O princípio estrutural do Direito Laboral é proteger a parte economicamente mais fraca da relação jurídica. A função social do contrato de trabalho é produzir os efeitos necessários de proteção aos que figuram no polo economicamente mais débil, a fim de tornar essa relação a mais equilibrada possível na concretização da experiência empírica[23].

3. A BOA-FÉ OBJETIVA COMO PRINCÍPIO INFORMADOR DO CONTRATO DE TRABALHO

O princípio da boa-fé amolda-se e contribui para "uma visão do Direito em conformidade com a que subjaz ao Estado de Direito Social dos nossos dias, intervencionista e preocupado por corrigir desequilíbrios e injustiças, para lá de meras justificações formais"[24].

Para entender a boa-fé como princípio informador no contrato de trabalho, necessário faz-se definir o que é princípio informador.

De acordo com Fiuza[25], os princípios informadores são utilizados por todas as ciências, incluindo aqui o Direito. Trata-se de normas gerais e fundantes que sustentam determinado ramo do pensamento científico. Informam o cientista de quais fundamentos deve-se partir. Gerais porque são aplicadas a diversas hipóteses e fundantes, na medida em que desses princípios extrai-se um conjunto de regras, decorrentes por lógicas.

Atualmente, o Direito contratual se pauta em princípios modernos, criados para atender às mudanças havidas no paradigma dos contratos. A celebração dos negócios jurídicos se massificou, entretanto a boa-fé contínua a ser a pedra basilar dos tratos contratuais.

É partindo deste pressuposto que enquadramos a boa-fé como princípio informador do contrato de trabalho. Por dois motivos. A um, porque se extrai dele um conjunto de regras aplicáveis, bem como fundamentos relevantes para a correta execução e manutenção da relação contratual. E a dois, porque o ordenamento

---

(22) É exatamente esse o cerne do deste trabalho, que será tratado detalhadamente nos capítulos subsequentes.
(23) SILVA. Disponível em: <http://www.calvo.pro.br/artigos/guilherme_ catanho_silva/guilherme_ catanho_silva_funcao_social_contrato.pdf> Acesso em: 30.9.2008.
(24) PINTO. *Op. cit.*, p. 124.
(25) FIUZA. *Op. cit.*, p. 50.

jurídico assim o mostra, definindo sua aplicação aos contratos em geral no art. 227, 1, do Código Civil Português e ao contrato de trabalho no art. 93 do CT[26].

Na tentativa de conceituar o princípio da boa-fé, importante colocar reparo nos dizeres da autora Larissa de Moraes Leal[27]. Para ela:

> Não se pode conceituar ou delimitar o significado da boa-fé. Enquanto cláusula geral, a boa-fé é insusceptível de preenchimento e conteúdo em si mesma, pois justamente é a essa tarefa que se propõe: integrar as relações jurídicas. Contudo, não se deve entendê-la como algo inerente ao sentimento ou psiquismo das pessoas. Antes, trata-se de valor supralegal, dotado de condição principiológica, que norteia a atividade das pessoas e constitui critério de valoração dessas mesmas atividades.

A evolução histórica do instituto dividiu a boa-fé[28] em duas: concepção subjetiva e objetiva. Trata-se a primeira de crenças internas do indivíduo, conhecimento e desconhecimento de situações. Arion Mazurkevic[29] traz a definição subjetiva como sendo o estado de consciência ou o convencimento em atuar conforme os ditames do Direito, considerando a intenção do sujeito. Assim, aquele que não age de boa-fé estará incorrendo em má-fé.

Esse estado em que se encontra a pessoa pode caracterizar-se, de acordo com a legislação portuguesa, de três maneiras: como um simples desconhecimento

---

(26) No Direito brasileiro a aplicação do princípio da boa-fé está prevista no art. 422 do Código Civil, que assim preceitua: Os contratantes são obrigados a guardar, assim na conclusão do contrato, como em sua execução, os princípios de probidade e boa-fé.

(27) LEAL, Larissa de Moraes. *Aplicação dos princípios da dignidade da pessoa humana e boa-fé nas relações de trabalho* — as interfaces entre a tutela geral das relações de trabalho e os direitos subjetivos individuais dos trabalhadores. Disponível em: <http://www.planalto.gov.br/CCIVIL_03/revista/Rev_82/Artigos/PDF/Larissa_rev82.pdf> Acesso em: 15.10.2008.

(28) Para antes disso, cumpre-nos salientar a explicação metodológica do sentido geral da boa-fé em sua aplicação ao Direito: "O sentido atual da boa-fé exige, para ser referenciado em termos assumidos (...) uma longa pesquisa que atente em todos os subinstitutos que a ela recorram e, ainda, nas diversas soluções que eles propiciem (...) O Direito é uma Ciência que se constitui na resolução de casos concretos. Porquanto Ciência, o Direito surge sistemático por natureza. O sistema deve, porém, ser entendido em termos integrados — portanto com um núcleo de princípios e uma periferia atuante, ambos interligados por vias de sentido duplo — e com uma série de limitações originadas, entre outros aspectos, por lacunas e por quebras ou contradições no seu seio. Apesar de tudo, há um sistema nas ordens jurídicas da atualidade, traduzido pela preocupação científico-cultural de descobrir uma unidade figurativa e ordenadora ou um fio condutor que reúna os diversos institutos que a História colocou nos espaços jurídicos dos nossos dias. Esse sistema tem exigências que se mantêm, de modo contínuo — ainda que com efeitos e configurações muito variáveis — nos diversos pontos onde o Direito deva intervir. A boa-fé tem justamente esse papel: ela traduz, até os confins da periferia jurídica, os valores fundamentais do sistema; e ela carreia, para o núcleo do sistema, as necessidades e as soluções sentidas e encontradas naquela mesma periferia". CORDEIRO, António Menezes. *Tratado de direito civil português I. Parte geral*. 3. ed. Coimbra: Almedina, mar. 2005. t. I, p. 404.

(29) MAZURKEVIC, Arion. A boa-fé objetiva: uma proposta para reaproximação do direito do trabalho ao direito civil. In: DALLEGRAVE NETO, José Afonso; GUNTHER, Luiz Eduardo. *O impacto do novo código civil no direito do trabalho*. São Paulo: LTr, 2003. p. 171.

ou ignorância de certos fatos; como um desconhecimento sem culpa ou uma ignorância desculpável; ou ainda, pela consciência de certos fatores[30].

Infere-se, assim, ser a boa-fé subjetiva um estado desculpável em que o sujeito encontra-se, quando, uma vez cumpridos os deveres de cuidado impostos ao caso, acaba por ignorar algumas eventualidades[31]. Por fim diz-se que a boa-fé subjetiva é *sempre* ética, tendo em vista que só pode ser invocada por quem, sem culpa, desconheça determinada circunstância[32].

A boa-fé objetiva é aquela aplicada efetivamente aos contratos e é a ela que se dá nesse momento maior detalhamento. Isto porque, a constitui um verdadeiro *standard*, ou seja, um ideal de conduta a ser seguido pelos contraentes também na esfera trabalhista. Além de que, nos parâmetros objetivos, "a boa-fé retrata a ideia geral de justiça existente em meio à sociedade, evidenciando as condutas sociais mais adequadas diante das situações cotidianas"[33].

A própria denominação do instituto em questão dá uma pista de que se trata aqui de fatos de ordem objetiva. Baseia-se, portanto, na conduta das partes, que têm a obrigação, quando da formação, bem como na execução dos contratos, de agirem com correção e honestidade, respeitando a confiança depositada reciprocamente[34][35].

Na melhor doutrina e segundo os ensinamentos do já muito citado Menezes Cordeiro[36], a boa-fé objetiva é concretizada a partir de cinco institutos[37], quais sejam:

---

(30) *Ibidem*, p. 405.
(31) CORDEIRO, António Menezes. *Da boa-fé no direito civil*. 3. reimpr. Coimbra: Almedina, fev. 2007. p. 516. Não nos cabe pormenorizar os conceitos da boa-fé subjetiva, entretanto, parece razoável trazer à colação os dizeres do mesmo autor apenas para elucidar melhor a questão. Desta feita, segue Menezes Cordeiro explicando que "que a boa-fé subjetiva revela-se, afinal, como realidade afeta a regras de conduta, explicando-se, deste modo, o porquê da sua definibilidade normativa, expressão do conteúdo dito, na tradição, de ético. A figura surge em termos subjetivos porque a lei, num fenômeno incompreensível se não se atender às suas raízes históricas e culturais, em vez de prescrever, em direito, os comportamentos, estatui prevendo a hipótese de ter havido, ou não, um acatamento, por parte do sujeito, das normas por ela pressupostas: as regras de conduta foram cumpridas: há boa-fé; não o foram, surge a má-fé. Numa linha de formalização descendente, pode considerar-se que as regras de conduta implicadas na boa-fé subjetiva visam concretizar um dever de informação ou de indagação, face à realidade que rodeia o sujeito atuante no espaço jurídico; tal dever de informação é, ele próprio, instrumental em relação à regra material do não atingir as realidades básicas, perante as quais há que agir com esclarecimento: não é por preocupação intelectual que o Direito recorre à técnica proporcionada pela boa-fé subjetiva, mas por pretender salvaguardar a ordem global por ele prescrita.
(32) CORDEIRO. *Op. cit.*, p. 407.
(33) LEAL. Disponível em: <http://www.planalto.gov.br/CCIVIL_03/revista/Rev_82/Artigos/PDF/Larissa_rev82.pdf> Acesso em: 15.10.2008.
(34) FIUZA. *Op. cit.*, p. 55.
(35) Nesse mesmo diapasão, têm-se as palavras de Carlos Alberto da Mota Pinto ao preconizar que "aplicados aos contratos, o princípio da boa-fé em sentido objetivo constitui uma *regra de conduta* segundo a qual os contraentes devem agir de modo *honesto, correto e leal*, não só *impedindo* assim comportamentos *desleais* como *impondo* deveres de *colaboração* entre eles". PINTO. *Op. cit.*, p. 125.
(36) CORDEIRO. *Op. cit.*, p. 407 e ss.
(37) Cabe aqui salientar a explicação do próprio autor ao ressaltar que tais figuras não derivam da boa-fé, em termos conceituais. Tiveram eles origens históricas diversas e foram concretizados antes de se acolherem à boa-fé.

— *culpa in contrahendo* (art. 227, 1, do CC);

— integração dos negócios (art. 239 do CC);

— abuso de direito (art. 334 do CC);

— modificação dos contratos por alteração das circunstâncias (art. 437, 1, do CC);

— complexidade das obrigações (art. 762, 2, do CC)[38].

Nos ensinamentos jurídicos brasileiros, nomenclatura diversa é utilizada quanto às funções da boa-fé objetiva, podendo, então, ser classificadas como *cânone hermenêutico-integrativo do contrato, norma de criação de deveres jurídicos* e *norma de limitação ao exercício de direitos subjetivos*[39].

A boa-fé objetiva, como cânone hermenêutico-integrativo, age para preservar o fim desejado pelos contraentes, evitando que o negócio jurídico tenha um resultado diverso daquele esperado. Atua, assim, como *interpretação flexibilizadora da vontade das partes*, além de preencher lacunas que possam existir na contratação[40].

Na sua função de criação de deveres jurídicos, a boa-fé objetiva possibilita o reconhecimento de obrigações subsidiárias, *de natureza instrumental*, que são diferentes dos deveres principais ou secundários da relação contratual, mas anexos a ela[41]. Ao ensejar a criação de deveres jurídicos entre os sujeitos contratuais, "a boa-fé não apenas torna coerentemente exercitáveis os direitos decorrentes do contrato, mas sobretudo traz a garantia de que este será cumprido de acordo com as finalidades econômico-sociais a si impostas tanto pelas partes, como pela sociedade"[42].

E por fim, como norma de limitação ao exercício de direitos subjetivos, a aplicação da boa-fé objetiva encontra-se de modo a não aceitar condutas contrárias ao mandamento de agir com lealdade e correção. Assim, nada mais é do que, segundo Larissa de Moares Leal[43], uma consequência lógica da função criadora de deveres jurídicos, tendo em vista que "ao criar deveres para as partes contratantes, correlativamente, na maioria das situações, a boa-fé estará limitando ou restringindo direitos das mesmas".

---

(38) Para um estudo aprofundado sobre as figuras mencionadas ver CORDEIRO, António Menezes. *Da boa-fé no direito civil*. 3. reimpr. Coimbra: Almedina, fev. 2007.
(39) MAZURKEVIC. *Op. cit.*, p. 175.
(40) Desta feita, tem-se que "os contratos devam se interpretar de acordo com seu objetivo aparente, salvo quando o destinatário conheça a vontade real do declarante. Quando o próprio sentido objetivo suscite dúvidas, deve ser preferido o significado que a boa-fé aponte como o mais razoável". FIÚZA. *Op. cit.*, p. 55.
(41) MAZURKEVIC. *Op. cit.*, p. 175.
(42) LEAL. Disponível em: <http://www.planalto.gov.br/CCIVIL_03/revista/Rev_82/Artigos/PDF/Larissa_rev82.pdf> Acesso em: 15.10.2008.
(43) *Idem*.

Isto posto, cabe agora explicar a aplicação da boa-fé objetiva nos contratos de trabalho e, ainda, especificar a sua importância dentro do tema proposto no presente estudo. É o que se passa a expor.

Como visto anteriormente, o instituto jurídico da boa-fé retrata os interesses sociais, mediando à conduta socialmente esperada das partes contratantes. Na esfera laboral, o princípio atinge também outro nível, o de agregar valor à efetivação da dignidade da pessoa humana, inserindo na esfera das relações negociais os valores inerentes à própria sociedade. Torna então possível uma "repersonalização da relação trabalhista, recolocando a pessoa humana como centro do trabalho"[44].

Em um momento econômico e social em que se assiste a uma mundial flexibilização das leis trabalhistas, aliada ao desemprego crescente, é a aplicação do instituto da boa-fé que pode trazer maior equilíbrio contratual para as negociações entre empregadores e empregados.

Tal fato concretiza-se quando se percebe que os *valores em jogo*[45] no Direito Laboral são diferentes daqueles usualmente encontrados nos negócios jurídicos de maneira geral. António Monteiro Fernandes[46], elucida a questão ao afirmar que ao tratar da boa-fé no contrato de trabalho, existem duas especificidades no que tange às relações individuais de trabalho subordinado: "uma significativa (embora variável) implicação da pessoa do trabalhador na execução do contrato, e o caráter tendencialmente duradouro das relações de trabalho".

Como bem argumenta Jorge Leite[47], a mão de obra utilizada nas relações laborais é uma *pessoa física, o homem concreto*, não se podendo portanto, separar o objeto do contrato da pessoa do trabalhador. O empregado não compromete (como em outros negócios jurídicos) o seu patrimônio, *algo distinto da sua pessoa*, mas sim, e não obstante, o próprio indivíduo.

Aplicam-se então ao contrato de trabalho aptidões físicas inseparáveis da pessoa do empregado, bem como a sua execução é atingida por "fatores psicológicos, de ordem volitiva e racional, que emergem daquilo que se pode designar por fisiologia da personalidade"[48].

Para entender o porquê da abordagem deste assunto no tema aqui tratado, deve-se recordar que não se trata apenas de implicação personalíssima por parte do trabalhador, mas também, e não menos importante, de um contrato no qual existe um nítido desequilíbrio contratual.

---

(44) BREVIDELLI, Scheilla Regina. *Manifestação de vontade no contrato de emprego*: limites interpretativos e a tarefa do juiz. Disponível em: <http://jus2.uol.com.br/doutrina/texto.asp?id=1153> Acesso em: 15.10.2008.
(45) MENDES, Mário. O princípio da boa-fé no direito do trabalho. In: *V Congresso Nacional de Direito do Trabalho — Memórias*, Lisboa, p. 104, 2002.
(46) FERNANDES, António Monteiro. Reflexões acerca da boa-fé na execução do contrato de trabalho. In: *V Congresso Nacional de Direito do Trabalho — Memórias*, Lisboa, p. 110, 2002.
(47) LEITE. *Op. cit.*, p. 14.
(48) FERNANDES. *Op. cit.*, p. 109.

Tal negócio jurídico suscita dúvidas quanto à manifestação livre do empregado, que pode ver-se obrigado a aceitar cláusulas contratuais abusivas no momento de sua celebração, pela necessidade em que se encontra de obter seus meios de subsistência[49].

Ora, a maior parte dos trabalhadores subordinados depende da remuneração recebida de seus empregadores para sustento familiar e pessoal. E, é o direito ao trabalho que possibilita uma garantia de patamares mínimos para a própria existência e condição humana. Assim, o acesso ao trabalho consiste, também, em direito fundamental, alinhado à proteção da dignidade da pessoa humana[50].

Para que esse acesso seja revestido de alguma garantia, possibilitando que o trabalhador possa se sentir menos lesado quando da celebração do contrato de trabalho, parece justa a aplicação da boa-fé, tendo em vista que adornará a relação com critérios de lealdade e correção já acima analisados.

A já tão citada autora Larissa de Moraes Leal[51], resolve a questão quando explica:

> A integração dos contratos de emprego pela boa-fé oferece melhores condições para a caracterização do abuso de poder econômico por parte do empregador, declaração de abusividade de cláusulas e condições contratuais, revelando com maior clareza a existência de procedimentos discriminatórios.

Claro que o emprego da boa-fé nas relações laborais implica em deveres também por parte do empregado, o que só beneficia as partes contratantes, já que agindo com honestidade, ambos os contraentes negociarão com base na confiança[52] recíproca. Impõe então ao trabalhador, a obrigação de prestar ao empregador todas as informações necessárias à sua contratação e desenvolvimento do contrato de emprego[53].

Assim, pode-se utilizar a mesma aplicação do instituto aos contratos de adesão[54]. Tem-se em conta que a boa-fé, quando da realização dos contratos de trabalho, tem como finalidade compensar a ausência de condições *paritárias* entre

---

(49) É, por óbvio, esse o tema central do estudo aqui realizado e, por isso, será tratado detalhadamente em capítulo próprio.
(50) LEAL. Disponível em: <http://www.planalto.gov.br/CCIVIL_03/revista/Rev_82/Artigos/PDF/Larissa_rev82.pdf> Acesso em: 15.10.2008.
(51) *Idem*.
(52) É necessário que exista confiança entre os contraentes quando da formação dos contratos. A tutela dessa confiança no Direito português é preconizada por dispositivos legais específicos e institutos gerais. Para um maior entendimento sobre assunto ver CORDEIRO, António Menezes. *Op. cit.*, p. 409 e ss.
(53) "Contudo, a aplicação desse princípio deve atender, outrossim, ao comando protetivo do princípio da dignidade da pessoa humana, no sentido de que informações atentatórias à dignidade ou intimidade do trabalhador poderão ser sonegadas, legitimamente, por este." ALVES. *Op. cit.*
(54) Até mesmo porque grande parte da doutrina acredita ser o contrato de trabalho uma espécie de contrato de adesão, assunto que será abordado mais adiante.

os contraentes[55]. Assim o é nos vínculos laborais e por isso, mas não somente, integrar a boa-fé na realização desses contratos acaba por proteger o hipossuficiente, aquele que tem sua liberdade, bem como sua manifestação de vontade contida, uma vez que não possui o poder de barganha que outros contraentes possuem.

E, para finalizar, não pode prevalecer a ideia de que a aplicação da boa-fé nos contratos de trabalho se traduz na redução do princípio da liberdade contratual, já que o empregador vê diminuída a possibilidade de incluir algumas cláusulas contratuais. Sousa Ribeiro[56], resolve a questão ao afirmar que:

> Atingida é apenas a liberdade de um, já que a do outro se encontrava, à partida, despojada de qualquer valia substancial, por inoperante enquanto instrumento de autotutela de interesses. É por consideração da situação desse contraente, *em vez* da sua autoderminação impossibilitada de atuar, que o regime restritivo é consagrado. (...) nas soluções inspiradas pela intenção de tutela do contraente em situação de inferioridade, a autodeterminação não é o valor atuado, mas o *pressuposto negativo de intervenção:* constatada a inoperância funcional da autonomia privada, por falta de autoderminação em medida bastante, o ordenamento institui mecanismos de tutela compensatórios.

---

(55) RIBEIRO, Joaquim de Sousa. *Direito dos contratos.* Coimbra: Coimbra, 2007. p. 224.
(56) *Idem.*

Capítulo II

O Contrato de Trabalho e a Problemática da Manifestação de Vontade do Trabalhador

1. Contrato de trabalho como negócio jurídico

É sabido que o Direito Civil aplica-se subsidiariamente ao Direito Laboral naquilo em que este ramo jurídico for lacunoso. Entretanto, ao longo da história, por vezes, a matéria civilista fez as vezes do Direito Laboral. No Direito Romano existiam relações servis e trabalhos familiares e as questões daí decorrentes eram resolvidas pelo Direito Civil.

Mas com a Revolução Industrial (surgida na Inglaterra em meados do século VXIII e que se expandiu pelo mundo a partir do século XIX), novas relações laborais apareceram e normas protetoras passaram a ser imprescindíveis para a sobrevivência da classe trabalhadora.

Antes da Revolução, a atividade produtiva era *artesanal* e manual e muitas vezes um mesmo artesão cuidava de todo o processo, desde a obtenção da *matéria-prima* até à *comercialização* do produto final. Esses trabalhos eram realizados em *oficinas* em suas próprias casas e os profissionais dominavam muitas (se não todas) as etapas do processo produtivo.

Com a Revolução Industrial os trabalhadores perderam o controle desse processo, passando a trabalhar para outra pessoa (na qualidade de empregados ou operários), perdendo a posse da matéria-prima, do produto final e do *lucro*.

São novas as relações de trabalho com a criação da classe operária, que se dá em um ambiente de liberalismo econômico e político, em que prevalece o Estado mínimo, que não interfere nas relações jurídicas privadas.

Revelou-se, então, uma nova *problemática social*, decorrente de condições precárias de trabalho, baixos salários, longas jornadas, falta de proteção para a maternidade, para as crianças, acidentados e idosos[57].

Diante da sua situação de opressão real, os trabalhadores começaram a se organizar politicamente, a pressionar e reivindicar melhores condições de trabalho.

As pressões se tornaram cada vez mais fortes e o Estado viu-se obrigado a intervir, de forma a regular de modo peculiar as relações especificas que surgiram, culminando com a consagração do Direito do Trabalho no Tratado de Versalhes em 1918.

Foi por mostrar-se insensível aos problemas sociais que surgiram após a Revolução Industrial, que o Direito Civil restou com aplicabilidade subsidiaria aos conflitos laborais. Surge, então, o Direito do Trabalho, com o objetivo de restabelecer o equilíbrio por meio de medidas protetoras.

No entanto, muitos regramentos civis encontram-se presentes no mundo laboral. É o caso do negócio jurídico.

Importante enquadrar e explicar o contrato de trabalho como espécie do gênero negócio jurídico porque o objetivo desse estudo é, tão somente, entender como a vontade do trabalhador se manifesta quando da celebração da figura contratual e quais ou qual a proteção que o Direito atual dispõe para tanto.

Ora, o negócio jurídico tem em seu centro a vontade das partes, uma vez que é por meio dos contratos que ela se exterioriza juridicamente. Assim, saber como funcionam os meandros da figura negocial, quais seus elementos e classificar o contrato de trabalho dentre os variados modelos de negócio, nada mais é do que preparar-se para adentrar no cerne deste trabalho.

Para entender o contrato de trabalho como negócio jurídico, fundamental explicar o que se diz ser esse instituto.

Nas palavras de Carlos Alberto da Mota Pinto[58], negócios jurídicos são:

> Atos jurídicos constituídos por uma ou mais declarações de vontade, dirigidas à realização de certos efeitos práticos, com intenção de alcançá-los (sic) sob tutela do direito, determinando o ordenamento jurídico a produção dos efeitos jurídicos conformes à intenção manifestada pelo declarante ou declarantes.

Os contraentes autores dos negócios jurídicos[59] têm como escopo atingir certos resultados práticos sob a égide da via jurídica, materializando, assim, os efeitos jurídicos advindos dessa guarida.

---

(57) CORDEIRO. *Op. cit.*, p. 182/183.
(58) PINTO. *Op. cit.*, p. 379.
(59) *Ibidem*, p. 381.

António Menezes Cordeiro[60], apresenta quatro teorias a respeito do significado do negócio jurídico e a vontade manifestada quando de sua formação, uma vez que sua definição pode ser tomada a partir dessa vontade.

Assim, o negócio jurídico pode ser um ato de vontade dirigido a um efeito específico, que só é produzido porque houve a vontade de fazê-lo; um ato de vontade que almeja a sua proteção pelo ordenamento; um ato de *autorregulamentação de interesses*; e por fim como um ato de autonomia privada, no qual o Direito coliga a *constituição, a modificação e a extinção de situações jurídicas*[61].

O negócio jurídico possui alguns elementos para sua formação e validade, seja ele de natureza laboral ou não. A doutrina clássica classifica esses elementos em essenciais, naturais e acidentais[62].

Os elementos essenciais devem constar de todo e qualquer negócio jurídico, são *requisitos ou condições de validade de qualquer negócio*. Quais sejam: capacidade das partes, declaração de vontade *sem anomalias e a idoneidade do objeto*[63][64].

No contrato de trabalho, a capacidade das partes (prevista nos arts. 67 do CC e 14 do CT) e a idoneidade do objeto (arts. 280 do CC e 111 do CT) tomam proporções diferenciadas daquelas aplicadas ao Direito Civil[65]. Em termos gerais, capacidade das partes "é a aptidão para exercer, por si ou por outrem, atos da vida civil"[66].

---

(60) CORDEIRO. *Op. cit.*, p. 452 e ss.
(61) Para o autor, tais aplicações da vontade ao negócio jurídico são incompletas quando analisadas por si sós. Explica tal raciocínio ao afirmar "... que o Direito tutela e cristaliza o negócio jurídico pela necessidade de proteger a confiança que ele suscita nos destinatários e, em geral, nos participantes na comunidade jurídica. Tendo, voluntariamente, dado azo ao negócio, o declarante não pode deixar de ser responsabilizado por ele".
(62) Essa concepção tripartida dos elementos do negócio jurídico não é unânime. Muitos doutrinadores da Faculdade de Direito de Lisboa, entre eles Paulo Cunha, apresentam quatro elementos para o negócio. Sendo então: elementos necessários; específicos; naturais; e acidentais.
Assim, são elementos necessários aqueles exigidos por lei para todos os atos jurídicos. Os específicos são os requeridos para cada tipo de ato jurídico como por exemplo compra e venda, arrendamento etc. Elementos naturais são estabelecidos pela lei para, de modo supletivo, serem aplicados aos tipos negociais, dependendo da sua natureza. Já os elementos acidentais são aqueles que as partes introduzem no negócio, podendo variar de acordo com a vontade das partes. CORDEIRO. *Op. cit.*, p. 485.
(63) PINTO. *Op. cit.*, p. 383 e ss.
(64) No Código Civil Brasileiro os elementos essenciais estão elencados no art. 104, que assim define: "A validade do negócio jurídico requer: I — agente capaz; II — objeto lícito, possível, determinado ou determinável; III — forma prescrita ou não defesa em lei".
Observa-se que a manifestação livre de vontade não está diretamente mencionada como elemento essencial de validade; entretanto, os arts. 110 e 112 mencionam a interpretação da vontade, tornando-a também essencial ao conteúdo do contrato.
Reforça essa ideia o autor Mauricio Godinho Delgado, que traz em sua obra a seguinte explanação: "Os elementos jurídico-formais, elementos essenciais do contrato de trabalho, são aqueles classicamente enunciados pelo Direito Civil: capacidade das partes; licitude do objeto, forma prescrita ou não vedada por lei (...); além disso, higidez da manifestação da vontade ou consenso válido". DELGADO, Mauricio Godinho. *Curso de direito do trabalho*. São Paulo: LTr, abr. 2002. p. 486.
(65) O elemento declaração da vontade será tratado especificamente em capítulo próprio, tendo em vista a sua relevância para o tema abordado.
(66) MONTEIRO, Washington de Barros apud DELGADO, Mauricio Godinho. *Op. cit.*, p. 486.

Já a capacidade trabalhista "é a aptidão reconhecida pelo Direito do Trabalho para o exercício de atos da vida laborativa"[67].

No Direito do Trabalho, o art. 14 do CT preconiza que, quando da celebração de contratos laborais, a capacidade será regulada nos *termos gerais* e pelo que for disposto nesse Diploma Legal. De acordo com a explicação de Guilherme Dray[68], tal dispositivo versa sobre a capacidade de exercício dos menores. Isso porque o CT não propõe nenhuma especificidade com relação à capacidade de gozo, que no CC é tida como genérica.

Não se pode deixar de mencionar que a regra do art. 14 do CT prevê também o regulamento da capacidade das partes para além do CC. Esclarece o mencionado autor que, no CC, em seus arts. 122 e ss., a incapacidade de exercício "gira em torno da ideia de falta de discernimento dos incapazes (*v. g.* dos menores) para a prática de atos e negócios jurídicos". Já no CT, está em causa, substancialmente, a proteção dos menores, objetivando salvaguardar "seu desenvolvimento físico, psíquico e moral, da sua educação e formação (...), designadamente através da proscrição do trabalho infantil"[69].

Vale ainda ressaltar que, no CC, ao menor incapaz não é permitida a celebração direta de negócios jurídicos, sendo exigido, de acordo com o art. 124, o suprimento dessa incapacidade pelo poder paternal. Entretanto, o CT, em seu art. 58, aceita que a celebração do contrato de trabalho seja feita diretamente pelo menor, desde que já tenha completado dezesseis anos e tenha concluído *a escolaridade obrigatória*[70].

Algumas particularidades no que tange ao objeto do contrato de trabalho também devem ser destacadas. O art. 111 do CT determina que *cabe às partes definir a atividade para que o trabalhador é contratado.* No entanto, deve-se observar os ditames dos arts. 280 e 400 do CC quanto à determinação desse objeto, pois uma vez que não seja determinado ou determinável, o contrato de trabalho será nulo.

Nas palavras de Pedro Romano Martinez[71]:

> A prestação laboral não pode ser indeterminável; a indeterminabilidade da prestação de trabalho implica a nulidade do negócio jurídico. Mas

---

(67) MONTEIRO, Washington de Barros apud DELGADO, Mauricio Godinho. *Op. cit.*, p. 486.
(68) DRAY. *Op. cit.*, p. 105.
(69) *Idem*.
(70) Porém, ainda nesse caso, não se pode desconsiderar por completo a figura do representante legal, pois em duas situações ela ainda se mostra fundamental, de acordo com a redação dada ao artigo em questão. Assim, caso o menor ainda não tenha 16 anos completos ou não tenha concluído a escolaridade obrigatória, a lei exige que os representantes legais do menor apresentem uma autorização escrita. E, mesmo que o menor tenha terminado a escolaridade obrigatória e também completado 16 anos, seus representantes legais ainda podem se opor ao cumprimento do contrato de trabalho.
(71) MARTINEZ. *Op. cit.*, p. 418 e ss.

são admissíveis prestações laborais indeterminadas, desde que a sua determinação se possa fazer no decurso da execução do contrato de trabalho.

A prestação genérica de trabalho é, em princípio, determinável. A indeterminação, característica da prestação laboral, não sendo, em regra, absoluta, pode ser concretizada por via das ordens emanadas do empregador.

(...) Torna-se, porém, necessário atender ao facto de a indeterminabilidade da prestação laboral assentar em alguns parâmetros, pois as ordens do empregador só podem concretizar a prestação laboral dentro de um certo contexto, em particular no âmbito da categoria do trabalhador.

(...) É, portanto, necessário que as partes, ao abrigo do art. 111 do CT, definam, ainda que indiretamente, o objeto do contrato de trabalho, de molde a haver critérios que, conjugados com o poder de direção, permitam a atividade que o trabalhador se encontra vinculado a desempenhar.

Os naturais são os elementos que derivam de disposições legais supletivas, ou seja, os efeitos são produzidos independentes da inserção de qualquer cláusula pelas partes. E os elementos acidentais são cláusulas acessórias, "trata-se das estipulações que não caracterizam o tipo negocial em abstrato, mas se tornam imprescindíveis para que o negócio concreto produza os efeitos a que elas tendem"[72].

O contrato então, nada mais é do que uma espécie do gênero negócio jurídico, pois tem como núcleo a declaração de vontade por parte de duas ou mais pessoas, direcionadas a um objetivo comum, protegido pelo Direito.

O contrato de trabalho, apesar de suas peculiaridades, enquadra-se nessa espécie. Classifica-se como negócio jurídico obrigacional, ou seja:

> Estruturalmente, apresenta-se como um contrato de Direito Civil, em particular, de direitos das obrigações, correspondendo a um dos contratos em especial (arts. 874 e ss. do CC). (...) Sendo o contrato de trabalho um negócio jurídico obrigacional aplicam-se-lhe, nomeadamente, as regras gerais do negócio jurídico (arts. 217 e ss. do CC), dos contratos (arts. 405 e ss. do CC), do cumprimento das obrigações (arts. 762 e ss. do CC) e do não cumprimento das obrigações (arts. 790 e ss. do CC)[73].

---

(72) PINTO. Op. cit., p. 384.
(73) MARTINEZ. Op. cit., p. 278. O autor ainda salienta que, com relação às características do contrato de trabalho, vale lembrar que no início tratava-se de um negócio jurídico obrigacional, que não apresentava nenhuma particularidade. Entretanto, a evolução dessa figura contratual fez com que passasse a ser entendido como um negócio jurídico que tinha o escopo de privilegiar uma das partes, dando-lhe especial tutela. Porém, nos dias atuais, observando os arts 120 e ss. do CT, percebe-se que existem diversos direitos e deveres para ambas as partes, *numa perspectiva de igualdade jurídica. Ibidem*, p. 290.

Resta ainda fazer uma pequena alusão ao enquadramento do contrato de trabalho dentro das diversas modalidades de negócios jurídicos[74].

É o contrato de trabalho um negócio jurídico de direito privado e sua celebração é subordinada ao princípio da autonomia privada. Todavia, é no negócio laboral que se constata a existência de diversas *normas injuntivas*, que ao imporem alguns conteúdos mínimos de modo imperativo, limitam a liberdade contratual.

Trata-se ainda o contrato de trabalho de um negócio jurídico bilateral, nominado e típico. Bilateral porque na sua formação há a necessidade de, pelo menos, duas partes contraentes, empregado e empregador (ou, nas palavras de Pedro Romano Martinez[75]: "porque resulta do encontro entre duas vontades contrapostas"). É também nominado porque a lei lhe atribui um *nomem iuris*, denominando essa figura contratual de contrato de trabalho. E típico porque há uma *regulamentação própria e autônoma na lei*.

Partindo do princípio de que suas obrigações contratuais dependem de uma causa, enquadra-se o contrato laboral, também, como um negócio jurídico causal, até mesmo porque no ordenamento jurídico português, *como princípio geral, os negócios jurídicos são causais*.

É ainda um negócio jurídico obrigacional, uma vez que se limita, tão somente, a criar obrigações para as partes contraentes. Constata-se então, que não se trata de um negócio jurídico *quoad effectum* e nem tão pouco *quoad constitutionem*, tendo em vista que, na sua celebração, não há implicação de constituir ou transferir um direito real, bem como não existe qualquer tradição. Mas forma uma relação obrigacional complexa, já que se verifica a presença de deveres principais, acessórios e secundários de conduta.

Classifica-se ainda, o contrato de trabalho, como negócio jurídico sinalagmático, ou seja, a relação contratual exige, das partes contraentes, o cumprimento de direitos e obrigações de *forma recíproca e interdependente*. Aplicam-se então, à pres-tação laboral, as regras gerais do Direito das Obrigações, contudo, devem-se observar algumas exceções, uma vez que uma das partes do contrato, no caso o trabalhador, tem certa proteção conferida pela lei.

Dentro das modalidades de negócio jurídico, pode-se enquadrar o contrato de trabalho também como oneroso e comutativo. Oneroso porque "implica um dispêndio econômico para ambas as partes. Em termos gerais, o trabalhador suporta o sacrifício relativo ao desempenho da sua atividade e o empregador quanto à retribuição a pagar"[76]. E comutativo porque sua execução não está na dependência de um fato futuro e incerto.

---

(74) Por ser extremamente didática, escolheu-se adotar a classificação utilizada por Pedro Romano Martinez. MARTNEZ. *Op. cit.*, p. 283 e ss.
(75) *Ibidem*, p. 284.
(76) *Ibidem*, p. 287.

Sendo um negócio jurídico de execução continuada, o contrato de labor obriga ambas as partes ao longo do tempo. No contrato de trabalho o empregado executa uma prestação laboral normalmente diária e, em contrapartida, o empregador deve o pagamento periódico do salário.

Por fim, o contrato de trabalho também é tido como negócio jurídico *intuitu personae*, porque a prestação laboral ocorre "numa relação fiduciária, em que a confiança recíproca tem um papel de relevo. A boa-fé, estabelecida no art. 119 do CT, pressupõe o caráter fiduciário da relação contratual; dificilmente se concebe a realização das prestações de boa-fé se as partes não confiarem pessoalmente uma na outra"[77].

2. A VONTADE NA FORMAÇÃO DO CONTRATO

2.1. DECLARAÇÃO DE VONTADE

O objeto de estudo do Direito do Trabalho não é toda e qualquer atividade produtiva. Característica determinante aqui é a subordinação. O que importa a este ramo do Direito "é a atividade humana produtiva, destinada *ab initio* à satisfação das necessidades de outrem, desenvolvida a título oneroso para um sujeito privado ou que atua como tal, por um trabalhador livre e dependente"[78].

É a expressão da vontade desse trabalhador subordinado, nessa situação descrita, que se revela o cerne do presente estudo. Para tanto, necessário faz-se explicar, em seus pormenores, como se dá a manifestação de vontade em linhas gerais, adentrando em suas especificidades e explicando as diferenças entre vontade e declaração.

O dicionário Michaelis[79] define vontade como "a principal das potências da alma, que inclina ou move a querer, a fazer ou deixar de fazer alguma coisa". Ou ainda como (...) "impulso para agir em todas as fases de desenvolvimento ou, mais especificamente, o processo de volição; em sentido mais estrito, uma atividade precedida de elaboração mental de antecipação, incluindo opção ou escolha; é nesse aspecto que, na concepção popular, leva a associar a ideia de vontade a uma significação moral, relacionada com certa hierarquia de valores". É então a "capacidade de tomar livremente uma deliberação".

---

(77) *Ibidem*, p. 288.
(78) RAMALHO, Maria do Rosário Palma. *Direito do trabalho*. Coimbra: Almedina, abr. 2005. p. 24. Parte I: Dogmática geral.
(79) *Moderno dicionário da língua portuguesa*. Disponível em: <http://michaelis.uol.com.br/> Acesso em: 20.9.2008.

O contrato tem como elemento primeiro e fundamental "o encontro e fusão das manifestações de vontade das partes"[80].

A teoria clássica de Savigny[81] separa a vontade de três maneiras: *a própria vontade, a declaração da vontade*[82] *e a relação de concordância que se deve estabelecer entre ambas.*

A vontade nada mais é do que um elemento interno, subjetivo, diz respeito àquilo que é desejado, almejado pelo sujeito. De maneira tão intrínseca que, em grande parte das vezes, torna-se problemático distinguir qual era exatamente a vontade da parte contraente.

Constitui a vontade um *componente normal do ato jurídico* que *forma em si um bloco unitário*, mas que se desdobra em alguns outros *subelementos*[83]. Assim, a vontade se apresenta, em um primeiro momento, como "vontade da ação, que impele o sujeito a agir". Já em um segundo momento, ela aparece como "vontade da declaração, ou seja, de que a ação tenha o real significado de instrumento de comunicação, como comportamento declarativo". E, por último, tem o caráter de "vontade de conteúdo do negócio, que também por vezes falta, originando divergências entre o declarado e o querido"[84].

Como elemento interno que é, a vontade, habitualmente, coincide com o elemento externo (a própria declaração negocial), quando da formação do negócio jurídico. Perfazendo, então, uma "efetiva autodeterminação de efeitos jurídicos pelo autor da declaração"[85].

Já a declaração é definida por Isay[86] como "(...) aquele comportamento que segundo a experiência e sob consideração de todas as circunstâncias permite concluir por uma vontade determinada e de cuja conclusão ela esteja ou devesse estar consciente".

De acordo com o pensamento de António Menezes Cordeiro[87], baseado na teoria da validade apresentada por Larenz no século XX, a declaração é uma ação

---

(80) TELLES, Inocêncio Galvão. *Manual dos contratos em geral* — refundido e actualizado. 4. ed. Coimbra: Coimbra, ago. 2002. p. 74/75.
(81) SAVIGNY apud CORDEIRO, António Menezes. *Op. cit.*, p. 539.
(82) O Código Civil português traz em seus arts. 217 e ss. toda a estruturação da declaração da vontade. Já no Código Civil brasileiro a declaração de vontade está materializada nos seguintes arts.: 107, que define: "A validade da declaração de vontade não dependerá de forma especial, senão quando a lei expressamente a exigir"; 110: "A manifestação de vontade subsiste ainda que o seu autor haja feito a reserva mental de não querer o que manifestou, salvo se dela o destinatário tinha conhecimento"; 111: "O silêncio importa anuência, quando as circunstâncias ou os usos o autorizarem, e não for necessária a declaração de vontade expressa"; e por último o 112, que assim determina: "Nas declarações de vontade se atenderá mais à intenção nelas consubstanciada do que ao sentido literal da linguagem".
(83) TELLES. *Op. cit.*, p. 75.
(84) As divergências entre vontade declarada e vontade querida pelas partes será tratada neste capítulo, em momento próprio.
(85) PINTO. *Op. cit.*, p. 458.
(86) ISAY apud CORDEIRO, António Menezes. *Op. cit.*, p. 539/540.
(87) *Ibidem*, p. 540.

humana controlada ou controlável pela vontade. Sendo também um *ato de comunicação e validade*. De comunicação porque é uma opção interior do declarante que será exteriorizada e de validade porque ao declará-la, é emitida uma "adstrição da própria vontade, que a origina, a um padrão de comportamento determinado, pré-indicado por ela própria".

A conjugação da vontade (elemento interno) com a sua declaração (exteriorização da vontade em si) pode gerar, como já dito anteriormente, uma divergência entre o que se pretendia exteriorizar (a sua real vontade íntima) com aquilo que foi efetivamente levado a cabo no contrato.

Desta divergência surgem conflitos importantes para as partes, tendo em vista que é a partir da declaração de vontade e sua aceitação que as partes estarão vinculadas àquela relação contratual. Se o declarado não está de acordo com a verdadeira intenção de um dos contraentes, claro é que há uma necessidade de reavaliar o contrato, estando ambas as partes sujeitas a sanções legais.

Resta-nos, portanto, avaliar as consequências jurídicas dessa discordância, saber qual a parte que deverá ser indenizada, se há espaço para tal indenização, bem como perceber quando a relação contratual será nula e ainda se há casos passíveis de inexistência contratual[88].

2.2. Divergência entre vontade e declaração

Os vícios que podem ocorrer na declaração de vontade consistem por vezes na sua formulação, outras na sua formação. Os vícios da vontade[89] possuem o defeito na formação do negócio jurídico e serão tratados em capítulo próprio. Já a divergência entre a vontade real e a que foi efetivamente apresentada, aponta um vício na formulação dessa vontade, ou seja, "à relação normal de concordância substitui-se uma relação patológica"[90].

---

(88) Os negócios jurídicos são passíveis de invalidade ou inexistência, de acordo com o vício encontrado na sua formação. Quando faltar um requisito interno, o contrato poderá ser nulo ou anulável. Nulo quando o requisito é exigido no interesse geral das pessoas. Essa nulidade poderá ser arguida por qualquer interessado e declarada pelo tribunal *ex officio*. Quando o requisito for exigido apenas por determinada ou determinadas pessoas, está-se diante de uma anulabilidade, que só pode ser invocada pelas pessoas interessadas e dentro de determinado prazo.
Já a inexistência jurídica é mais grave. Isso porque, enquanto alguns casos nulos ou anuláveis poderão surtir alguns efeitos, o ato inexistente não possui qualquer relevância. *O acto juridicamente inexistente é o nada*. TELLES. *Op. cit.*, p. 76.
(89) De acordo com a classificação sistémica apresentada por António Menezes Cordeiro, os vícios da vontade são divididos em dois grupos: a ausência da vontade, coação física, falta de consciência na declaração e incapacidade acidental e vontade deficiente, coação moral, erro-vício e incapacidade acidental. CORDEIRO. *Op. cit.*, p. 782.
(90) PINTO. *Op. cit.*, p. 458.

A discordância entre vontade e declaração pode ser intencional ou não intencional. Esse aspecto torna-se relevante para saber quais as consequências jurídicas a que estão submetidas as partes contratantes.

Quando o declarante exprime, de maneira voluntária e consciente, uma declaração diversa da sua vontade real, está-se diante de uma declaração divergente intencional. Agora, se o declarante não repara que a sua declaração é diferente da sua vontade, ou ainda, quando é "forçado irresistivelmente a emitir uma declaração divergente do seu real intento", está-se perante uma declaração divergente da vontade não intencional[91].

A discrepância entre vontade e declaração, efetivada de maneira intencional, pode materializar-se sob a forma de simulação[92], reserva mental ou declarações não sérias[93]. E as não intencionais são: o erro-obstáculo (art. 247 do CC); erro de cálculo ou de escrita (art. 249 do CC) e erro na transmissão (art. 250 do CC).

Foi para tentar solucionar os problemas advindos da divergência entre vontade e declaração que surgiram as teorias da vontade e da declaração.

A teoria da vontade tem como característica principal a subjetividade, tendo ênfase na vontade psíquica do declarante; já na teoria da declaração sobressai o aspecto objetivo, ou seja, o conteúdo declarado em si, independentemente do foro íntimo do emitente da declaração.

Essa teoria não prevalece na doutrina, isso porque, nos dizeres de Humberto Theodoro Junior[94]:

> Essa proteção ampla e irrestrita à vontade real não é, todavia, acolhida pela ordem jurídica, porque entraria em choque com o interesse geral, afetando a segurança das relações negociais. Se de um lado existe o interesse do declarante, que praticou o negócio jurídico e que deseja preservar a pureza de sua vontade; de outro, há o interesse do meio social, onde o negócio jurídico estabelece uma expectativa de que a declaração de vontade produzirá os efeitos programados, não podendo, razoavelmente, aceitar que, por motivos íntimos do declarante, se estabeleça o perigo da sua fuga da obrigação assumida.

---

(91) PINTO. *Op. cit.*, p. 458.
(92) Embora a simulação faça parte dos defeitos apresentados na formulação do contrato, será esmiuçado no capítulo referente aos vícios da vontade, tão somente por apresentar-se mais didático.
(93) A reserva mental é tipificada quando a declaração emitida pelo declarante não coincide com a sua vontade efetiva. Diferente da simulação porque aqui não há uma conspiração entre as partes e a intenção do declarante é justamente enganar o declaratário. Já nas declarações não sérias, a declaração emitida pelo declarante também não coincide com a sua vontade real, entretanto não há o escopo de enganar o declaratário, nem tão pouco terceiros. Trata-se de declarações que não deviam ter sido levadas a sério, uma vez que o declarante acredita que o declaratário não se convence da seriedade da declaração emitida. PINTO. *Op. cit.*, 459.
(94) THEODORO JUNIOR, Humberto. *Dos defeitos do negócio jurídico no novo código civil:* fraude, estado de perigo e lesão. Disponível em: <www.preparatorioaufiero.com.br/art/art8.doc> Acesso em: 12.9.2008. p. 21.

O excesso de zelo para com a vontade do declarante e a fragilidade que isso acarreta às relações contratuais conduziu ao surgimento da teoria da declaração.

O negócio jurídico, para ser válido, necessita, obrigatoriamente, dos dois elementos, ou seja, da vontade de realizar o negócio e da exteriorização dessa vontade (a declaração em si). Para a teoria da declaração é "na declaração suficiente de vontade que o negócio jurídico passa a existir e a ser disciplinado pelo ordenamento jurídico, bem como a gerar efeitos para seus consórcios"[95].

A teoria da vontade (*Willenstheorie*) e a teoria da declaração (*Erklärungstheorie*) são anteriores à formulação do BGB. Nasceram quando a teoria da declaração já se havia afirmado na Alemanha em posição de quase igualdade com a teoria da vontade. Mas foi o BGB que procurou encontrar um equilíbrio entre as teorias e nos *Motive*, define negócio jurídico com relação à declaração: "negócio jurídico no sentido do projeto é uma declaração de vontade privada, dirigida à alteração de um efeito jurídico, que produz efeitos segundo a ordem jurídica porque foi querido"[96].

O autor civilista brasileiro Orlando Gomes[97] procura resolver a questão afirmando que:

> (...) constituem-se, pois, os negócios jurídicos pela conjunção de dois elementos: a vontade interna e a declaração de vontade, que devem ser, portanto, coincidentes. A vontade interna não é apenas o suporte da declaração, mas a força criadora dos efeitos do negócio jurídico, não passando esta de meio pelo qual chega aquela ao conhecimento de outros. Inexistente juridicamente é, por conseguinte, o ato a que falta a vontade interna, e anulável aquele em que está viciada. Havendo divergência entre a vontade e a declaração, decide-se, como diz Brinz, em favor da vontade contra a declaração. Na interpretação dos negócios jurídicos deve-se atender à intenção do declarante, à sua vontade real, visto que a declaração não passa de simples processo de sua revelação.

A doutrina, ainda na tentativa de encontrar melhor solução para a divergência entre vontade e declaração, apresenta algumas outras teorias, como a teoria da validade, da responsabilidade, da *culpa in contrahendo* e da confiança.

Explica-se aqui, rapidamente, cada uma delas, para que se possa, pelo menos, tentar esboçar uma solução prática antes de iniciarmos novo capítulo, ou no mínimo, entender em que caso aplicar-se-ia uma teoria exemplificada.

---

(95) MARTINS, Francisco Serrano. *A teoria da imprevisão e a revisão contratual no código civil e no código de defesa do consumidor*. Disponível em: <http://jus2.uol.com.br/doutrina/texto.asp?id=5240&p=1> Acesso em: 21.8.2008. p. 1.
(96) CORDEIRO. *Op. cit.*, p. 540.
(97) GOMES, Orlando *apud* MARTINS, Francisco Serrano. *Op. cit.*, p. 1.

A teoria da *culpa in contrahendo* emprega uma parte da teoria da vontade, entretanto, vale-se da obrigação de indenizar quando o negócio jurídico, havendo divergência entre a vontade e a declaração, seja anulado por dolo ou culpa do declarante. Sendo necessário que tenha havido boa-fé por parte do declaratário[98].

A melhor doutrina define a teoria da responsabilidade como uma posição intermediária entre o radicalismo expressado pelas teorias da vontade e da declaração. Assim, "embora a autonomia da vontade esteja na base do negócio jurídico, impõe-se admitir que, mesmo havendo divergência entre a vontade e a declaração, esta deve prevalecer, se o desacordo for provocado por culpa ou dolo do próprio declarante"[99].

O já tão citado autor português Carlos Alberto da Mota Pinto[100], assevera que a teoria da responsabilidade nada mais é do que a teoria da *culpa in contrahendo* somada à manutenção da validade do negócio jurídico, para a proteção do declaratário que esteja de boa-fé[101].

A teoria da confiança é, segundo a melhor doutrina, a que de maneira mais significativa tenta solucionar a questão aqui proposta. Pretende proteger as expectativas legítimas criadas no outro contratante, que confiou na postura, nas obrigações assumidas e no vínculo criado por meio da declaração da outra parte contratante. Desta feita, é a boa-fé e a confiança que o declaratário depositou na declaração emitida pelo declarante que é resguardada[102].

A evolução do Direito atual leva a crer que seria a teoria da confiança a mais completa quando trata da divergência entre vontade e declaração. Finaliza a questão o mencionado Desembargador Humberto Theodoro[103], ao explicar que:

> Não basta analisar o dissídio entre vontade e declaração apenas no ângulo de quem a emite. É preciso levar em conta também o comportamento de quem a recebe. É preciso indagar se este manteve sua expectativa de vinculação segundo a boa-fé, ou se de alguma forma concorreu com culpa no evento.

---

(98) PINTO. *Op. cit.*, p. 463.
(99) THEODORO JUNIOR. *Op. cit.*, p. 23.
(100) PINTO. *Op. cit.*, p. 463.
(101) Para Humberto Theodoro Junior, de acordo com a teoria da responsabilidade, o negócio efetivado a despeito da vontade diversa do autor da declaração, deve manter-se porque quem incorre em erro por culpa, causa dano à expectativa legítima de terceiro. "A reparação que toca ao culpado consiste justamente em satisfazer aquela expectativa, decretando-se a obrigação de cumprir a declaração feita. Nem toda reparação de ato culposo se dá por indenização de perdas e danos. Pode também haver a reparação *in natura*, que no caso seria a não anulação do negócio." THEODORO JUNIOR. *Op. cit.*, p. 24.
(102) "A teoria da confiança atribui responsabilidade àquele que, por seu comportamento na sociedade, gera no outro contratante justificada expectativa no adimplemento de determinadas obrigações". Apelação n. 233177-1, 3ª Câmara Cível do TAMG, Belo Horizonte, Rel. Juiz Wander Marotta, Unânime, 7.5.1997, DJ 12.8.1997 E RJTAMG n. 67/249, 7.4.1998.
(103) THEODORO JUNIOR. *Op. cit.*, p. 24.

A teoria da confiança retrata bem os rumos da nova ordem jurídica, que se afasta do individualismo para melhor valorizar o interesse social. Daí porque vai além da tutela da vontade do declarante para se ocupar também do interesse daqueles que confiam na segurança das relações jurídicas e que, da mesma forma, devem concorrer para que ela se concretize.

No ordenamento jurídico português[104], o art. 247 do CC preconiza a aplicação da teoria da confiança. Isso se dá ao determinar que havendo erro na declaração, ou seja, quando a declaração emitida pelo declarante não corresponder à sua vontade real, ela poderá ser anulada, *desde que o declaratário conhecesse ou não devesse ignorar a essencialidade, para o declarante, do elemento sobre que incidiu o erro.*

O novo Código Civil brasileiro, seguindo o exemplo europeu, em seu art. 138, também aderiu à teoria da confiança. Assim, novamente nos dizeres de Humberto Theodoro[105]:

> Não é mais apenas pela falta de culpa do declarante (erro escusável) que se anula o ato errôneo, mas porque o destinatário da declaração, por sua vez, teve culpa no evento, já que poderia ter evitado a prática viciada do negócio jurídico, pois o erro era daqueles que poderiam ser percebidos por pessoas de diligência normal nas circunstâncias do negócio (art. 138). A *contrario sensu,* ainda que haja divórcio entre a vontade e a declaração, esta prevalecerá se o outro contratante (de boa-fé) não tinha condições de perceber o erro do declarante.

Conclui-se, então, que os ordenamentos jurídicos como um todo, ao optarem pela aplicação da teoria da confiança, dão maior proteção a princípios civilistas fundamentais para a concepção do Direito moderno, como a boa-fé, a lealdade e a segurança nas relações jurídicas.

2.3. A AUTONOMIA PRIVADA

Para se traçar uma linha geral a respeito da autonomia privada, faz-se necessário, de antemão, entender a sua formação por um *componente* fundamental: a liberdade contratual.

Essa liberdade desdobra-se em diversos aspectos, mas funda-se na ideia de que nenhum indivíduo será compelido a contratar contra a sua vontade. Para além

---

(104) A aplicação da teoria da confiança aos negócios jurídicos quando exista divergência entre vontade e declaração acaba por ser uma tendência no Direito Comparado. Desta forma, verifica-se no direito alemão a tutela dessa teoria no art. 122 do BGB; No II Codice Civile Italiano é o art. 1.428 que emprega a teoria da confiança no ordenamento italiano: "Art. 1.428. L'errore è causa di annullamento del contratto quando è essenziale ed è riconoscibile dall'altro contraente". O erro é causa de anulação do contrato quando é essencial e reconhecido pelo outro contratante.

(105) THEODORO JUNIOR. *Op. cit.*, p. 25/26.

disso, optando pelo contrato, caberá a cada parte decidir vincular-se como melhor lhe convier, escolher livremente com quem contratar e, ainda, decidir qual o contrato a ser celebrado, estipular e negociar o seu conteúdo.

Para determinados doutrinadores[106], a autonomia da vontade desdobra-se em duas partes: a liberdade de contratar e a liberdade contratual. Seria então a primeira, a faculdade do indivíduo de, de acordo com seu interesse e conveniência, aceitar ou não determinado contrato (contratar ou não contratar). E a liberdade contratual seria a possibilidade das partes em determinar qual será o conteúdo do negócio jurídico que os vinculará, ou seja, é a possibilidade de criação de negócios atípicos, não definidos por lei, bastando apenas que as partes observem as restrições fixadas pelo ordenamento jurídico vigente.

De acordo com os dizeres do já citado autor Francisco Serrano Martins[107]:

> Em termos gerais, tendo em vista a realidade jurídica e social, pode-se dizer que a liberdade de contratar vem se sobrepondo à liberdade contratual, devido às limitações que se estabelecem ao conteúdo do negócio, tornando-o verdadeiro contrato de adesão sujeito à aprovação do Estado ou não. Neste aspecto, a autonomia da vontade não pode e nem deve ser entendida como princípio absoluto no direito contratual, pois não reflete a realidade social em sua plenitude. Em determinados casos essa liberdade sofre restrições em virtude da ordem pública, que defende a projeção social do interesse social nas relações interindividuais. Esta intervenção do Estado, como se verá a seguir, busca estabelecer uma igualdade de fato, ou melhor, um equilíbrio entre a parte economicamente mais forte e a outra economicamente mais fraca, que desejarem estabelecer algum vínculo obrigacional.

E é o mesmo autor, utilizando as palavras de Nelson Borges[108], quem finaliza a questão:

> No campo obrigacional a liberdade de escolha das partes é tutelada pelo direito que lhes é outorgado de legislarem para si mesmas. Esta liberdade é total no momento da manifestação de vontade de se obrigar ou não. Feita a opção, a vontade se exaure. Qualquer manifestação contrária — excetuada a denúncia de vícios de consentimento — não terá eficácia. Não seria exagerado concluir que a assunção de uma obrigação representa restrição de liberdade individual, embora consubstancie o exercício do livre direito de contratar. Por outra forma: a liberdade só existe até o instante da manifestação da vontade, em contexto de absoluta norma-

---

(106) WALD, Arnoldo. *Curso de direito geral civil brasileiro:* obrigações e contratos. 14. ed. rev. e atual. São Paulo: RT, 2000. v. II, p. 184.
(107) MARTINS, Francisco Serrano. *Op. cit.*, p. 1.
(108) BORGES, Nelson *apud* MARTINS, Francisco Serrano. *Op. cit.*

lidade. O exercício dessa liberdade (contratação) traz como decorrência a restrição da própria liberalidade (assunção consciente de obrigação).

Para entender a autonomia privada[109], faz-se necessário analisar o contexto histórico em que surgiu.

A autonomia da vontade[110] nasceu como reação ao poder soberano do Estado, com o intuito de "impor limitações ao poder do príncipe". Surgiram então, para obter êxito nessa limitação, três grandes teorias: teoria dos direitos naturais ou jusnaturalismo; teoria da separação dos poderes; e a teoria da soberania popular ou democracia[111].

Com a transformação da sociedade e o surgimento do Estado liberal, o contrato passa a ser o instrumento para a circulação de riquezas. Explicam tal ideia os dizeres de Paulo Nalin[112]:

> O contrato era tido como instrumento de circulação de riquezas, constituindo-se em adequado e legítimo mecanismo para que a classe em ascensão (burguesia) tivesse à sua disposição, um meio legal para obter da classe aristocrática em decadência a tradição do bem jurídico mais importante para aquele sistema jurídico que era o real imobiliário.

---

(109) Diversas são as expressões utilizadas pela doutrina quando se refere à autonomia privada. Encontram-se palavras como autodeterminação e autonomia da vontade sendo utilizadas, muitas vezes, como sinônimos de autonomia privada. Para esses autores não há distinção entre autonomia privada e autonomia da vontade, que se confundiriam com a própria noção de liberdade. ANDRADE, Thais Poliana de. *Novas perspectivas para a contratualidade no direito do trabalho:* reflexos do novo ordenamento jurídico constitucional. Curitiba: Dissertação de Mestrado apresentada à Universidade Federal do Paraná, 2005. p. 36. Entretanto, no presente trabalho, segue-se a distinção feita por grande parte dos autores civilistas. Joaquim de Sousa Ribeiro, por exemplo, apresenta a distinção entre autodeterminação e autonomia privada, elucidando que a primeira seria um conceito *pré-jurídico*, sendo então "o poder de cada indivíduo gerir livremente a sua esfera de interesses, orientando a sua vida de acordo com as suas preferências". RIBEIRO. *Op. cit.*, p. 22. Já Andreza Cristina Baggio Torres, ao citar Paulo Nalin, diferencia autonomia privada de autonomia da vontade definindo esta como "princípio de Direito Privado pelo qual o agente tem a possibilidade de praticar um ato jurídico, determinando-lhe o conteúdo, forma e os efeitos". TORRES, Andreza Cristina Baggio. Direito civil-constitucional: a função social do contrato e a boa-fé objetiva como limites à autonomia privada. In: *Contrato & sociedade:* a autonomia privada na legalidade constitucional. Curitiba: Juruá, 2006. v. II, p. 50. A posição adotada neste estudo segue o pensamento de que a autonomia privada nada mais é do que a evolução histórica do fundamento da autonomia da vontade. Traz-se à colação, para tanto, os dizeres de Rogério Zuel Gomes: "Modernamente ocorre uma tendência de substituição da autonomia da vontade pela autonomia privada. Constata-se esta substituição porque a autonomia da vontade tem caráter preponderantemente filosófico e psicológico, levando-se em consideração as teorias filosóficas que permearam o Direito Privado durante o século XIX; enquanto a autonomia privada verifica-se de forma prática no campo do direito obrigacional. Aquela nasce no berço da filosofia Kantiana, enquanto esta nasce da prática comercial desenvolvida, tendo por base contratos, tidos como o principal meio de circulação de riquezas". GOMES, Rogério Zuel *apud* TORRES, Andreza Cristina Baggio. *Op. cit.*, p. 51.

(110) Não está sendo utilizada aqui a expressão autonomia da vontade como sinônimo de autonomia privada. Mas como já explicado anteriormente, trata-se a primeira da evolução histórica da segunda. Por isso, quando do seu surgimento, a denominação utilizada é autonomia da vontade.

(111) MAZURKEVIC. *Op. cit.*, p. 169.

(112) NALIN, Paulo *apud* MAZURKEVIC, Arion. *Op. cit.*, p. 169.

Estava consagrado o dogma da vontade e o contrato definido como instrumento de sua convalidação. Reinava a ideia, conforme já havia preconizado Kant, posteriormente descrita por Fouilée (1838-1912): *Qui dit contractuel, dit juste.*

Ao aplicar a teoria jusnaturalista, o contrato, nos séculos XVII, XVIII e XIX[113], tinha como preceito a não intervenção estatal no acordado entre as partes, fazia lei entre as partes, devendo ser cumprido integralmente.

Fundava-se o contrato integralmente na autonomia da vontade, uma vez que era tida como acordo de vontades manifestadas de forma livre e desimpedida *por partes juridicamente igualitárias*. Concebida dessa maneira, era então a autonomia da vontade, a prerrogativa concedida às partes para criarem relações jurídicas, mediante a declaração de sua vontade[114].

Com o fim do liberalismo individualista e após a Revolução Industrial, uma grande parcela da população não sentia a proteção que a autonomia da vontade deveria estabelecer, tendo em vista que a igualdade material preconizada não existia, necessariamente, entre todos os indivíduos contratantes.

Observa-se a passagem da não intervenção estatal nas relações jurídicas para um dirigismo contratual, que fica claro nos ensinamentos de Francisco Serrano Martins[115]:

> A passagem de um Estado Liberal de Direito, que se fundava na igualdade e na liberdade individual, para um Estado Social de Direito, cujo escopo era a proteção dos interesses sociais e da justiça social, ocorreu por meio do intervencionismo estatal. O Estado moderno frente às desigualdades sociais do século XIX viu-se na necessidade de estabelecer uma igualdade de fato que os ideais de igualdade e de liberdade do liberalismo não foram capazes de tutelar (...). O intervencionismo estatal apresentou-se como adaptação aos fenômenos econômicos e sociais da sociedade. Assim, o princípio do *pacta sunt servanda*, o contrato que faz lei entre as partes, foi cedendo lugar ao dirigismo contratual. As relações contratuais passaram a ser tuteladas pelo Estado, que restringiu enormemente a autonomia da vontade, mas, em contrapartida, houve uma proteção maior às partes social e economicamente mais fracas, tentando estabelecer uma igualdade de fato entre os contratantes.

É nesse momento que a autonomia da vontade passa a ter os contornos de autonomia privada, definida como um processo de ordenação que concede aos indivíduos contraentes constituir livremente e modelar as suas relações jurídicas. É

---

(113) NALIN, Paulo *apud* MAZURKEVIC, Arion. *Op. cit.*, p. 169.
(114) ANDRADE. *Op. cit.*, p. 37.
(115) MARTINS, Francisco Serrano. *Op. cit.*

a aplicação, por cada parte, do princípio da *autoconformação* nos negócios jurídicos de acordo com a sua vontade[116][117].

Não por isso deixa o contrato de desempenhar o seu papel inicial, e melhor explicação para isso trazem os dizeres de Enzo Roppo[118], que merece ser trazido à colação em sua integridade:

> O contrato, portanto, transforma-se, para adequar-se ao tipo de mercado, ao tipo de organização econômica em cada época prevalecente. Mas justamente, transformando-se e adequando-se do modo que disse, o contrato pode continuar a desempenhar aquela que é — e continua a ser — a sua função fundamental no âmbito das economias capitalistas de mercado: isto é, a função de instrumento da liberdade de iniciativa econômica. Está agora claro que a transformação do instituto contratual, que designamos em termo da sua objetivação, não contrariam, mas antes secundam, o princípio da autonomia privada, desde que se queira ter deste princípio uma noção realista e correta: autonomia privada, portanto, não como sinônimo de "autonomia da vontade individual", mas como forma jurídica e legitimação da liberdade econômica, da liberdade de perseguir o lucro ou, então, de atuar segundo as conveniências de mercado (...). Por outras palavras, as tendências objetivistas do direito moderno não vão necessariamente contra o princípio da autonomia privada, porque este — como já se tinha advertido — não se identifica com o dogma da vontade.

Está o contrato assim diante de uma nova realidade, não bastando apenas a sua regulamentação de acordo com a vontade individual de cada um. Deixa de ter como fundamento apenas a circulação de riquezas e busca-se então proteger os direitos fundamentais do indivíduo, satisfazer suas necessidades básicas, como moradia, alimentação, educação e lazer. Diz-se, então, que o contrato *ganha uma função social*, com a obrigação de proteger a dignidade da pessoa humana, o consumidor e a propriedade e ter como alicerce a atitude das partes, como a boa--fé, a lealdade e a transparência[119].

Essa nova concepção contratual é, sabiamente, analisada por Arnoldo Wald[120] ao asseverar que:

---

(116) RIBEIRO. *Op. cit.*, p. 21 e 52.
(117) Entende-se ainda autonomia privada como a liberdade de cada indivíduo para praticar fatos jurídicos que causam efeitos para o Direito. Esse fato voluntário pode dizer respeito à liberdade de celebração do negócio jurídico ou à liberdade de estipulação. A primeira viabiliza a prática ou não do ato, ou seja, escolher entre a presença ou ausência de alguns efeitos do direito. Na segunda forma, além de permitir praticar o ato, possibilita escolher, além da sua presença, que tipos de efeitos irá produzir. Havendo apenas liberdade de celebração, dizem-se atos jurídicos em sentido estrito; havendo liberdade de celebração e de estipulação é que se tem o negócio jurídico. CORDEIRO. *Op. cit.*, p. 392.
(118) ROPPO, Enzo *apud* MAZURKEVIC, Arion. *Op. cit.*, p. 169.
(119) TORRES. *Op. cit.*, p. 48.
(120) WALD. *Op. cit.*, p. 195.

O contrato se transformou num bloco de direitos e obrigações de ambas as partes, que devem manter o seu equilíbrio inicial, e num vínculo ou até numa entidade. Vínculo entre as partes, por ser obra comum das mesmas, e entidade, constituída por um conjunto dinâmico de direitos, faculdades, obrigações e eventuais outros deveres, que evolui como a vida, de acordo com as circunstâncias que condicionam a atividade dos contratantes. Assim, em vez de contrato irrevogável, fixo, cristalizado de ontem, conhecemos um contrato dinâmico e flexível, que as partes podem e devem adaptar para que ele possa sobreviver, suportando, pelo eventual sacrifício de alguns interesses das partes, as dificuldades encontradas no decorrer de sua existência.

A mudança dos reais significados do contrato afetou sobremaneira a figura contratual trabalhista. Isso porque, desde sempre, a relação de trabalho foi desigual, tendo o empregador maior poder de barganha em relação ao empregado. A limitação à autonomia privada das partes tornou-se peça chave para uma tentativa basilar de igualar os contraentes na relação laboral.

Não significa dizer que a limitação à autonomia privada no Direito do Trabalho resolveu as desigualdades encontradas. Tanto é que o presente trabalho estuda justamente a possibilidade de proteger a vontade do trabalhador, que se vê obrigado a sujeitar-se às regras impostas pelo empregador, bem como se submete às cláusulas abusivas inseridas por este nos contratos laborais.

Entretanto, um dos mecanismos encontrados pelo ordenamento jurídico, com a evolução dos institutos civis devidamente aplicados ao Direito Laboral, foi a intervenção estatal no que tange à autonomia privada, ou seja, limitar o poder de decidir quais cláusulas incluir no contrato, bem como fiscalizar a sua utilização.

Não se conseguiu ainda resguardar a posição de contratar ou não do empregado, tendo em vista que nos moldes sociais dos dias atuais ele se vê compelido a aceitar qualquer oferta de emprego para satisfazer suas necessidades básicas.

Esse assunto será tratado adiante detalhadamente, mas fazia-se necessária tal intervenção antes de concluir como a limitação estatal à autonomia das partes idealizou a paridade contratual das mesmas.

Na linha de raciocínio pela limitação à autonomia privada como solução para a desigualdade, impedindo que o contraente mais forte imponha sua vontade sobre a parte débil da relação, encontram-se, mais uma vez as palavras de Enzo Roppo[121]:

> (...) o remédio consiste, então, em regra, numa intervenção autoritária externa do poder público — geralmente do legislador — que reage às restrições ou à expropriação de fato da liberdade contratual das "partes débeis", restringindo, por sua vez, mas com prescrições normativas

---
(121) ROPPO, Enzo *apud* MAZURKEVIC, Arion. *Op. cit.*, p. 169.

formais, a liberdade contratual das "partes fortes" do contrato, pois já sabemos que é o exercício da liberdade contratual dos contraentes em posição de superioridade econômica e social a causar diretamente a supressão da liberdade contratual dos contraentes em posição econômica e socialmente deteriorada.

Não há hipótese de negativa quanto à importância jurídica da limitação à autonomia privada. Entretanto, trata-se de um princípio deveras relevante ao direito privado e por isso, como bem ressalta António Menezes Cordeiro[122], por mais extensas que sejam tais limitações, nunca irão extinguir a autonomia das partes, tendo em vista que as situações civis realmente importantes repousam na liberdade dos indivíduos. Desta forma, conclui o mesmo autor asseverando que "o próprio legislador deve ser sempre cauteloso, quando imponha limites, perguntando-se qual o sistema alternativo possível".

No âmbito laboral várias são as limitações sociais e legislativas encontradas na atuação da autonomia privada das partes, contudo, tais restrições impostas pelas normas imperativas do Direito Social variam de acordo com o grau de imperatividade. E mesmo com a redução da autonomia imposta ao empregador, sabe-se que caberá ao trabalhador, apenas, aderir ao contrato estabelecido por aquele. É claro que a margem de negociação é reduzida e isso pode vir a beneficiar o empregado, porém, como bem se sabe, a lei da oferta e da procura faz com que ele submeta-se às regras impostas pela outro contraente, no caso, o empregador[123].

Por fim, faz-se alusão ao art. 405 do CC que, mesmo intitulado como liberdade contratual, consagra tão somente o princípio da autonomia privada, definindo em seu item 1 que "dentro dos limites da lei, as partes têm a faculdade de fixar livremente o conteúdo dos contratos, celebrar contratos diferentes dos previstos neste código ou incluir nestes as cláusulas que lhes aprouver".

3. Os vícios da vontade

O contrato de trabalho, como já estudado anteriormente, é classificado como negócio jurídico. Sendo assim exige, quando da sua formação, manifestação livre e regular de vontade das partes contratantes. A validade do negócio celebrado, também no Direito Laboral, assim como no ramo civilista, determina que a declaração de vontade emanada pelas partes esteja desprovida de qualquer vício.

---

(122) CORDEIRO. Op. cit., p. 395.
(123) MAINGAIN, Bernard. Les Relations entre employeurs et salariés en droit belge rapport belge. In: La protection de la partie faible dans les rapports contractuels. Comparaison Franco-Beleges. Bibliothèque de droit privé. Libriarie de droit et de jurisprudence, EJA, e les Centres de droit des obligations de l'Université de Paris I ET l´Université catholique de Louvain-la-neuve. 1996. t. 261, p. 113.

Apesar de algumas diferenças quanto ao regime de nulidades aplicáveis ao contrato de trabalho, faz-se mais do que relevante estudar aqui os defeitos aos quais os contratos (civis e laborais) estão sujeitos. Por dois motivos: a um, porque não se pode explorar a vontade do contraente sem examinar cautelosamente quais as circunstâncias que se apresentam distorcidas quando da sua manifestação e, claro, suas consequências dentro da esfera jurídica.

E a dois porque, após a análise dos vícios da vontade, se tentará interligar a vontade declarada pelo trabalhador, no momento em que se vê compelido a aceitar qualquer oferta de emprego, como estado de necessidade ou uma forma de coação, que não podendo ser classificada como física ou moral (como se verá adiante), poderá ser então tida como uma coação social.

Adotar-se-á aqui, tão somente para tornar mais facilitado o entendimento da matéria em questão, a metodologia adotada por António Menezes Cordeiro[124], todavia, não se deixará de analisar alguns outros institutos, também classificados como vícios da vontade, trazidos por outros autores.

3.1. Vícios da vontade e da declaração

A declaração de vontade, via de regra, é exarada de forma normal quando não acometida de vícios. O art. 236, 1, do Código Civil, determina expressamente que "a declaração negocial vale com o sentido que um declaratário normal, colocado na posição do real declaratário, possa deduzir do comportamento do declarante, salvo se este não puder razoavelmente contar com ele".

Como já visto, a manifestação de vontade nada mais é do que a expressão real do anseio das partes, com valor jurídico e relevante para o Direito. Entretanto, está-se diante de um ato *humano* e, como tal, passível de ter interferência de diversos defeitos[125], que ocorrem basicamente na própria vontade em si ou na declaração propriamente dita[126].

Apresenta de maneira irretocável a diferença entre a perturbação na vontade e na declaração, António Menezes Cordeiro[127], de tal modo que se faz digno reproduzir *ipsis litteris*:

> No primeiro caso, *o processo que leva à tomada de decisão do sujeito autónomo é perturbado:* há um vício na *formação da vontade.* Tal vício

---

(124) CORDEIRO. *Op. cit.*, p. 781 e ss.
(125) De acordo com dicionário brasileiro Michaelis, um dos significados admitidos para vício é: "defeito capaz de invalidar um ato jurídico", por esse motivo, resguarda-se o direito de utilizar aqui defeito e vício como sinônimos, não ignorando, por óbvio, a distinção etimológica de ambas as expressões.
(126) CORDEIRO. *Op. cit.*, p. 781 e ss.
(127) *Idem*.

pode ir desde a pura e simples falta de vontade até à ausência de liberdade ou à liberdade que, por assentar em elementos inexatos, não seja verdadeiramente autônoma.

No segundo caso, a vontade, em si, formou-se devidamente; no entanto, algo interfere quando da sua exteriorização, de tal modo que a declaração não corresponda à vontade real do sujeito: há divergência entre a vontade e a declaração. Ainda aqui, a divergência pode assumir várias feições e, designadamente, ser intencional — surgindo, portanto, porque o declarante a quis — ou não intencional — derivando, então, de lapsos ou dificuldades ocorridas na exteriorização.

Pode-se definir, então, vício da vontade como "perturbações do processo formativo da vontade, operando de tal modo que esta, embora concorde com a declaração, é determinada por motivos anômalos e valorada, pelo Direito, como ilegítimos. A vontade não se formou de um modo julgado normal e são"[128].

Dentro do quadro dos vícios da vontade encontra-se, na maior parte da doutrina[129], o gênero ausência de vontade dentro do qual algumas figuras específicas (algumas delas inclusive já mencionadas) merecem um estudo um pouco mais detalhado.

3.1.1. COAÇÃO FÍSICA E FALTA DE CONSCIÊNCIA NA DECLARAÇÃO

Classificam-se então como atos ausentes de vontade a coação física, a falta de consciência na declaração, incapacidade acidental, declarações não sérias e reserva mental.

Tanto a falta de consciência na declaração quanto a coação física estão previstas no art. 246 do CC. Assim preconiza o *Codex*:

> A declaração não produz qualquer efeito, se o declarante não tiver a consciência de fazer uma declaração negocial ou for coagido pela força física a emiti-la; mas, se a falta de consciência da declaração foi devida a culpa, fica o declarante obrigado a indemnizar o declaratário.

A coação física é a *vis absoluta*, é a utilização da força física para forçar alguém a praticar determinado ato. Caracteriza coação física quando há uma força física irresistível agindo sobre o sujeito, de forma tal que a sua vontade é aniquilada e lhe

---

(128) PINTO. *Op. cit.*, p. 498/499.
(129) Alguns autores não enquadram em suas obras os defeitos do negócio jurídico causados por ausência de vontade, dentro da classificação dos vícios da vontade. É o caso de Carlos Alberto da Mota Pinto, que trata desses institutos em capítulo denominado "Outras figuras de divergência intencional". PINTO. *Op. cit.*, p. 487 e ss. E também do doutrinador Inocêncio Galvão Telles, que apenas separa a seção vício da vontade em capítulo apartado das figuras qualificativas da ausência de vontade. TELLES. *Op. cit.*, p. 77 e ss. Todavia, conforme já mencionado anteriormente, adotou-se a metodologia apresentada por António Menezes Cordeiro. CORDEIRO. *Op. cit.*, p. 782 e ss.

é imposto um gesto, exarado de maneira mecânica[130]. O exemplo doutrinário clássico é quando alguém segura a mão de outra e faz uso da força compelindo-a a assinar o seu nome[131].

Ainda de acordo com Galvão Telles[132], o indivíduo coagido não passa de um *autômato*, um simples instrumento nas mãos do coator, que é quem realmente atua. Percebe-se assim que na coação física há uma completa ausência de vontade por parte do declarante, não há vontade de ação, o indivíduo coagido não quer realizar qualquer ato. Deve-se, então, a imputação da ação, ao coator e não ao coagido. A vontade manifestada mediante coação física é *inexistente*[133], não produz qualquer efeito, conforme determinado pelo mencionado art. 246 do CC.

Esse mesmo dispositivo legal indica também a não produção de efeitos, caso a declaração negocial tenha sido emitida com a falta de consciência[134]. Explica-se: materializa-se a falta de consciência na declaração quando um indivíduo efetivamente realizou determinada conduta, entretanto ele não tinha noção de que aquele gesto ou ação possuía o significado *objetivo de um comportamento declarativo*.

---

(130) A diferença entre coação moral e coação física é que na primeira a liberdade do coagido ou coato não é totalmente excluída, apenas cerceada, podendo escolher entre sofrer a agressão ou não. Já na coação física ou absoluta a liberdade de ação do coato é totalmente excluída, não havendo possibilidade de escolha. PINTO. *Op. cit.*, p. 493.
(131) TELLES. *Op. cit.*, p. 77.
(132) *Ibidem*, p. 77/78.
(133) Observando a letra da lei verifica-se que não se fala em nulidade do contrato feito sob influência de coação física, mas sim em inexistência da declaração, tendo em vista que a norma preconiza a não produção de qualquer efeito. A maior parte dos autores fala efetivamente em inexistência, entretanto há outros doutrinadores que enquadram tal declaração como nula ou ainda como uma forma de ineficácia.
(134) Nesse caso também existe divergência quanto à necessidade real de consciência na declaração negocial, ou seja, "saber se, para a presença de uma declaração de vontade negocial, é necessária a consciência da declaração, isto é, a consciência de emitir uma declaração negocial ou se, pelo contrário, basta a possibilidade de tomar o sentido do comportamento como o de uma declaração de vontade, com um papel decisório, pois, à interpretação normativa". CORDEIRO, António Menezes. *Op. cit.*, p. 786. Segundo esse mesmo autor a doutrina se divide e para elucidar a questão trazem-se os exemplos citados por ele mesmo. Assim, para sustentar a hipótese de ser necessária a consciência, António Menezes Cordeiro citando Canaris diz: "... quando alguém não esteja consciente de ter dado uma declaração negocial, não há lugar, em autodeterminação, a uma relação jurídica. (...) Na falta da consciência da declaração, não se trata, portanto e com respeito à responsabilidade, de um problema da doutrina do negócio jurídico, mas da doutrina da aparência jurídica". CORDEIRO, António Menezes apud CANARIS, Claus-Wilhelm. *Op. cit.*, p. 786. Já para exemplificar o pensamento contrário apresentam-se os dizeres de Bydlinski: "(...) os casos do erro da declaração e de falta da consciência da declaração devem ser postos de modo inteiramente igual. Entre aquele que, negocialmente, nada quer e o que, negocialmente, quer algo de diferente não existe, no ponto decisivo, qualquer diferença: as consequências às quais se deve manter adstrito não foram queridas, então e aí, pelo interessado; ele não estava, então e aí, consciente da sua ocorrência". BYDLINSKI, Franz apud CORDEIRO, António Menezes. *Op. cit.*, p. 786/787.
O ordenamento jurídico português é claro e define que não havendo consciência na declaração ela não produz qualquer efeito. Assim, deixou-se de dar proteção integral ao princípio da confiança, uma vez que não deveria a declaração ser emitida sem a consciência prevalecer. Aqui, tutela-se primeiro os interesses do declarante, para, em segundo plano, proteger a confiança do declaratário o que é feito com a parte final do art. 246. PINTO. *Op. cit.*, p. 492.

Porém, o mesmo artigo, *in fine*, explica que, uma vez que tenha havido culpa por parte do declarante, ele estará obrigado a indenizar o declaratário pelos danos causados.

3.1.2. INCAPACIDADE ACIDENTAL

Outro caso de ausência de vontade é o que ocorre quando verificada a incapacidade acidental. Definida no art. 257 do CC, a incapacidade acidental é:

> 1. A declaração negocial feita por quem, devido a qualquer causa, se encontrava acidentalmente incapacitado de entender o sentido dela ou não tinha o livre exercício da sua vontade; é anulável, desde que o facto seja notório ou conhecido do declaratário.
>
> 2. O facto é notório, quando uma pessoa de normal diligência o teria podido notar.

A hipótese então de ocorrência dessa anomalia declarativa está relacionada com os vícios da vontade e não junto com as incapacidades, isso porque se trata aqui, tão somente, de uma incapacidade temporária, um momento no qual o declarante não tinha capacidade de discernir a sua vontade. É assim, "(...) um desvio no processo formativo da sua vontade em relação às circunstâncias normais do seu processo deliberativo"[135].

A sanção aplicada a esses casos é a anulabilidade desde que sejam verificados os requisitos legais, que, de acordo com António Menezes Cordeiro[136], seriam as condições psíquicas[137] de não entender e querer, no momento do ato praticado o que efetivamente estava declarando, desde que isso seja um fato notório ou do conhecimento do declaratário.

3.1.3. DECLARAÇÕES NÃO SÉRIAS

O CC, em seu art. 245, intitula também uma outra forma de ausência de vontade, denominada declarações não sérias. Desta feita: "a declaração não séria, feita na expectativa de que a falta de seriedade não seja desconhecida, carece de qualquer efeito"; e, "se, porém, a declaração for feita em circunstâncias que induzam o declaratário a aceitar justificadamente a sua seriedade, tem ele o direito de ser indemnizado pelo prejuízo que sofrer".

É então considerada uma declaração não séria aquela manifestada de forma livre e consciente, mas sem o objetivo de querê-la como declaração negocial e sem o interesse de ludibriar o declaratário[138]. Aqui, também faz-se presente a divergência

---

(135) *Ibidem*, p. 538.
(136) CORDEIRO. *Op. cit.*, p. 791.
(137) Um exemplo prático de aplicação desse instituto é a realização de negócios jurídicos celebrados sob a influência de psicotrópicos. *Ibidem*, p. 792.
(138) TELLES. *Op. cit.*, p. 79.

entre o que foi efetivamente declarado e o que realmente queria o individuo, entretanto não se encontra a intenção de enganar alguém, partindo-se da premissa que tal declaração não será levada a sério[139].

Nas hipóteses de serem constatadas as declarações como não sérias terá lugar a inexistência do negócio, já que o CC claramente preconiza não surtir qualquer efeito. Porém, o n. 2 do mesmo dispositivo legal adverte que quando o declarante, mesmo não querendo que sua manifestação seja interpretada como declaração negocial, "(...) usa, inadvertidamente, tanta ênfase que o destinatário as toma como sinceras"[140], que se torna obrigado a indenizá-lo pelos prejuízos sofridos.

3.1.4. Reserva mental

A reserva mental já foi explicada rapidamente quando se tratou da divergência entre vontade e declaração. No entanto, importante nesse momento dar um pequeno destaque a essa figura.

A reserva mental é fixada pelo art. 244 do Diploma Civilista e, de acordo com sua redação "há reserva mental, sempre que é emitida uma declaração contrária à vontade real com o intuito de enganar o declaratário". Porém, o n. 2 deste dispositivo explica que "a reserva não prejudica a validade da declaração, exceto se for conhecida do declaratário; neste caso, a reserva tem os efeitos da simulação".

Significa dizer que, ao contrário das declarações não sérias, existe aqui o propósito de enganar o declaratário, não querendo o declarante, de forma real e verdadeira, aquilo que declara querer. É então a conjugação da ausência de vontade, somada ao interesse de iludir a outra parte que caracteriza de forma basilar a reserva mental.

A reserva mental não acarreta em inexistência ou ineficácia, como nas situações acima descritas, sendo então consideradas válidas. A explicação dá-se quando se nota que não seria possível admitir que uma vez emitida uma declaração, com a intenção de enganar o declaratário, o declarante pudesse invocar, para se desvincular do negócio jurídico celebrado, uma vontade que não possuía, contrária ao que foi declarado. Ou melhor, nos dizeres de Manuel de Andrade[141] "É difícil conceber que existe alguém tão falho de senso jurídico que suponha que, pelo simples facto de não querer os efeitos jurídicos correspondentes à sua declaração, isto baste para invalidar o respectivo negócio".

---

(139) Pode-se dar como exemplo de declaração não séria os atores que, uma vez encenando uma peça de teatro, casam-se em cena; ou ainda um amigo que diz para outro, em tom de brincadeira, que irá doar todos os seus bens para outro amigo. *Ibidem*, p. 79/80.
(140) *Ibidem*, p. 80.
(141) ANDRADE, Manuel de *apud* CORDEIRO, António Menezes. *Op. cit.*, p. 795.

No entanto, se porventura, o declaratário sabia das intenções do declarante, passa a valer o indicado pelo n. 2, do art. 244, ou seja, o negócio será nulo[142], passando a ter os efeitos da simulação[143]. Tal acontecimento faz sentido quando se esvai o motivo relevante para que a confiança seja tutelada[144].

4. Os vícios da vontade propriamente ditos

Superadas as hipóteses de ausência de vontade, passa-se agora a examinar as demais situações classificadas pela doutrina, regra geral, como, efetivamente, vícios da vontade.

As próximas figuras examinadas retratam manifestações de vontade em que não há deturpação da realidade, parte-se do princípio de que o declarante encontrava-se *psiquicamente* bem, sem interferência de substâncias psicotrópicas ou enfermo. Aqui, a vontade só não se forma corretamente porque vícios concretos a deformam.

Como bem explica Inocêncio Galvão Telles[145]:

> O consentimento, em vez de *esclarecido* e *espontâneo*, apresenta-se defeituosamente conformado; não é genuíno produto do espírito humano; para a sua formação concorreu, ou um motivo falacioso (*error*) ou outro motivo também anômalo (*metus*). São assim fundamentalmente dois os vícios da vontade: *erro* e *medo*. O primeiro obsta a que o consentimento seja *consciente*, o segundo tira-lhe *liberdade*. Em ambos os casos há vontade *corretamente exteriorizada*; quer-se aquilo que se diz e diz-se aquilo que se quer; mas o que se quer (vontade *atual*) não é o que se quereria se não fora o engano ou o receio de males (vontade *eventual, conjectural ou hipotética*).

---

(142) Para que a nulidade seja invocada não basta apenas a sua *cognoscibilidade*, faz-se fundamental que a reserva seja de efetivo conhecimento pela parte. Apenas esse conhecimento efetivo da reserva mental é que dá margem à nulidade. PINTO. *Op. cit.*, p. 487.

(143) A aplicação da figura simulatória definida pelo Código Civil encontra óbice na visão de António Menezes Cordeiro. Isso porque, segundo o autor, a simulação nada mais é do que um acordo entre as partes contratantes com o objetivo de enganar terceiros. Para ele, quando o declaratário tem conhecimento da reserva não existe um acordo entre as partes e muito menos o interesse comum de enganar terceiro. Desta forma, sugere Menezes Cordeiro que a remissão a que faz o n. 2 do art. 244 só deve ser aplicada caso estejam presentes todos os requisitos da simulação, sendo interpretado de maneira restrita e integrada. CORDEIRO. *Op. cit.*, p. 795/796.

(144) Carlos Alberto da Mota Pinto sabiamente afirma: "se o declaratário conheceu a reserva, não há confiança que mereça tutela". E segue o autor explicando: "Por outro lado, se há dois declaratários, qualquer deles, que não conheça a reserva, pode invocar a sua relevância. É, também, reserva mental a hipótese de alguém conscientemente emitir uma declaração com vários sentidos e a outra parte a compreender num determinado sentido, enquanto o declarante se reservou ocultamente só a fazer valer noutro sentido". PINTO. *Op. cit.*, p. 487.

(145) TELLES. *Op. cit.*, p. 82/83.

4.1. Coação moral

Uma das modalidades de vício da vontade baseada no medo acima retratado é a coação moral. Quando se fala em coação, sempre há de fazer-se a distinção entre física e moral. Como já dito logo acima, a coação física é a ausência total de vontade e a declaração feita sob a *vis absoluta* não implica qualquer efeito, sendo então inexistente.

Já a coação moral, também conhecida como *vis compulsiva*[146], também é formada pela falta de liberdade do coagido, entretanto, existe a possibilidade de escolha: sofrer ou não o mal ao qual está sendo ameaçado[147].

É o art. 255 do CC que define o que é coação moral, da seguinte forma:

1 — diz-se feita sob coação moral a declaração negocial determinada pelo receio de um mal de que o declarante foi ilicitamente ameaçado com o fim de obter dele a declaração.

2 — A ameaça tanto pode respeitar à pessoa como à honra ou fazenda do declarante ou de terceiro.

3 — Não constitui coação a ameaça do exercício normal de um direito nem o simples temor reverencial.

É então, a coação moral, uma perturbação da vontade que reflete o *medo resultante de ameaça ilícita de um dano (de um mal)*, que tenha por escopo esbulhar a declaração negocial do declarante[148].

A coação psicológica não torna o negócio inexistente, apenas o vicia, tendo em vista que o contraente *quis* o ato praticado, entretanto, em condições normais, não o teria desejado, já que só o fez em razão da ameaça à qual estava submetido naquele momento. Existe a vontade do agente, mas é ela uma vontade *defeituosa*[149].

O art. 256 prevê que o negócio feito sob coação moral seja anulável. Além disso, preconiza a letra da lei alguns requisitos elementares para que tal figura esteja caracterizada: o "receio de um mal de que o declarante foi ilicitamente ameaçado com o fim de obter dele a declaração" e, no caso de terceiro "é necessário que seja grave o mal e justificado o receio da sua consumação".

---

(146) CORDEIRO. *Op. cit.*, p. 798.
(147) Explica a opção de escolha por parte do declarante, Carlos Alberto da Mota Pinto, ao afirmar que: "só há *vício da vontade* quando a liberdade do coato não foi totalmente excluída, quando lhe foram deixadas possibilidades de escolha, embora a submissão à ameaça fosse a única escolha normal. Assim, estaremos dentro do campo da coação moral, coação relativa ou compulsiva, mesmo no caso de ameaça com arma de fogo ou no caso de emprego de violência física, como começo de execução do mal cominado, para compelir ao negócio. Só cairemos no âmbito da coação física, coação absoluta ou ablativa, quando a liberdade exterior do coato é totalmente excluída e este é utilizado como puro autômato ou instrumento". PINTO. *Op. cit.*, p. 529.
(148) *Idem*.
(149) TELLES. *Op. cit.*, p. 117.

Explica a doutrina que a coação exercida pelo outro contratante acarretará a anulabilidade do negócio quando estiverem presentes os seguintes requisitos, de acordo com Carlos Alberto da Mota Pinto[150]:

— Que a coação seja essencial ou principal;

— Que exista a intenção de *extorquir* a declaração, ou seja, com o fim de obter a declaração;

— que a ameaça seja ilícita, ou seja, que os meios utilizados para conseguir a declaração sejam ilegítimos (por exemplo: ameaça de morte, de agressão etc.) e ainda a ilegitimidade *da prossecução daquele fim com aquele meio* (por exemplo: ameaçar recorrer às vias de direito para obter certa vantagem indevida, como declarar a falência ou penhorar determinado bem).

Vale ressaltar que, todavia, não terá parte a coação se houver tão somente a ameaça de fazer uso de um direito para conseguir que o sujeito cumpra um direito existente, como, por exemplo, ameaçar o devedor de penhora, caso não pague o valor devido.

Esclarece esse preceito a primeira parte do n. 3 do art. 255 do CC, ao determinar que "não constitui coação a ameaça do exercício normal de um direito".

Percebe-se na coação moral que o determinante para seu enquadramento legal é a existência do medo, que deve ser de tal monta que, caso não existisse, o indivíduo não teria querido realizar o negócio nos termos que o fez.

Nos casos de coação exercida por terceiro, também se faz indispensável que o medo seja desculpável, tendo em vista que a norma legal (art. 256, *in fine*) exige que o mal, objeto da ameaça, seja grave e justificado o receio de sua consumação[151].

Esse tipo de coação também acarreta a anulabilidade do negócio e gera ao coator a obrigação de indenizar tanto declarante, quanto declaratário (desde que esse não seja cúmplice do terceiro). Aqui, o negócio é anulável em sua totalidade[152].

Existe uma distinção entre os negócios realizados com o uso de coação moral e aqueles praticados em estado de necessidade, com temor reverencial ou lesão enorme (usura). Entretanto, resguarda-se o direito de tratar especificamente destes

---

(150) PINTO. *Op. cit.*, p. 531/532.
(151) Inocêncio Galvão Telles afirma que não faz sentido que a exigência quanto ao mal grave e o justificado receio de sua consumação seja limitada apenas à coação provinda de terceiro. Assim, o autor é da opinião de que "... é indispensável a indagação psicológica, postulada pela natureza da coação como vício da vontade, deve ser temperada e corrigida pela aplicação de um critério objetivo, tendente a averiguar se o temor é razoável, se existe proporção entre ele e a causa que o determinou. (...) há que se, enfim, saber se uma pessoa dotada de resistência psíquica normal nos indivíduos que se encontram no mesmo condicionalismo concreto se teria deixado intimidar". TELLES. *Op. cit.*, p. 119/120.
(152) PINTO. *Op. cit.*, p. 533.

institutos mais adiante, tendo em vista a controvérsia havida quando o trabalhador manifesta a sua vontade e a possível aplicação destas figuras.

4.2. Erro

Outro vício da vontade, não mais baseado no medo, é o erro. Primeiro é importante salientar que existe uma distinção entre erro-vício (ao qual iremos nos ater) e o erro na declaração. No erro vício existe efetivamente uma vontade viciada; já no erro na declaração o que aparece é uma divergência entre vontade e declaração; o primeiro apresenta um erro na formação da vontade e o segundo na formulação da vontade[153], matérias essas que já foram, inclusive, aqui estudadas.

O erro nada mais é do que uma falsa impressão da realidade, ou, nos sábios dizeres de António Menezes Cordeiro[154]:

> O erro implica uma avaliação falsa da realidade: seja por carência de elementos, seja por má apreciação destes e, num caso e noutro, por actuação própria ou por intervenção maldosa ou inocente, da contraparte ou de terceiros. As hipóteses possíveis são infindáveis. O erro suscita ainda um problema complexo, por via da contraposição de valores que coloca. Por um lado, a autonomia privada mandaria que, detectado o erro, a declaração fosse corrigida; mas por outro, a confiança suscitada no declaratário obriga à manutenção do que foi dito.

Ou ainda, como bem explica Carlos Alberto da Mota Pinto[155]:

> O erro-vício traduz-se numa representação inexata ou na ignorância de uma qualquer circunstância de facto ou de direito que foi determinante na decisão de efetuar o negócio. Se estivesse esclarecido acerca dessa circunstância — se tivesse exato conhecimento da realidade —, o declarante não teria realizado qualquer negócio ou não teria realizado o negócio nos termos em que o celebrou. Trata-se, pois, de um erro nos motivos determinantes da vontade.

Ao longo da história a figura do erro, até ser apresentada na forma consagrada hoje pelo Código Vaz Serra, apresentou significativa evolução. Para o Direito Romano valia apenas o dolo, que é o erro apresentado na sua forma mais grave. Tanto diferente hoje que, o erro apresentado com dolo é uma espécie do erro-vício e não mais sua única hipótese.

---
(153) *Ibidem*, p. 505.
(154) CORDEIRO. *Op. cit.*, p. 807.
(155) PINTO. *Op. cit.*, p. 504.

Seguindo a metodologia apresentada por António Menezes Cordeiro[156], a pandetística[157] proporcionou uma simplificação do erro, sendo então possível que o Código Civil alemão resumisse o tema de maneira eficaz[158]:

§ 119:

1) Quem, quando da emissão duma declaração de vontade estiver em erro quanto ao seu conteúdo ou, simplesmente, não quisesse uma declaração desse conteúdo, pode impugnar a declaração quando seja de admitir que ele, conhecendo a matéria e perante ponderação pensada do caso, não a teria admitido.

2) Vale como erro sobre o conteúdo da declaração também o erro sobre qualidades da pessoa ou da coisa que, no tráfego, sejam consideradas essenciais.

Já o Código italiano fundamenta o erro em dois *princípios basilares:* a essencialidade do erro e o seu reconhecimento pelo declaratário. E, de acordo com o art. 1.429 do Il Códice Civile Italiano, o erro é essencial:

1 — quando caia sobre a natureza do objeto do contrato;

---

[156] CORDEIRO. *Op. cit.*, p. 810 e ss.
[157] Em meados do século XIX, elegeu-se como objetivo da ciência jurídica germânica a análise do Direito positivo historicamente dado na busca de extrair dele os conceitos que o estruturam, possibilitando uma descrição unificada e sistemática da totalidade do Direito de um país, segundo os padrões de um sistema lógico de organização piramidal. Essa escolha metodológica representou o surgimento da *Jurisprudência dos conceitos,* escola positivista que representou o ápice do formalismo jurídico novecentista e que se caracterizava por deduzir "as normas jurídicas e a sua aplicação exclusivamente a partir do sistema, dos conceitos e dos princípios doutrinais da ciência jurídica, sem conceder a valores ou objetivos extrajurídicos por exemplo, religiosos, sociais ou científicos a possibilidade de confirmar ou infirmar as soluções jurídicas".
A relevância dessa corrente é imensa, especialmente porque ela constituiu o primeiro esforço sistemático no sentido de elaborar um conhecimento científico acerca do Direito positivo e, nessa medida, ela é precursora de toda a *ciência jurídica* contemporânea. O nome mais ligado à jurisprudência dos conceitos é o Georg Puchta, principal discípulo de Savigny e mentor do projeto de construção do sistema conceitual abstrato que ele próprio chamava de *genealogia dos conceitos.*
Como a principal obra de Puchta chamava-se *Pandekten* Pandectas e esse mesmo título foi utilizado por vários dos juristas que levaram à frente a proposta teórica que ele propôs, passou-se a designar como *pandectística* a corrente que buscou aplicar ao Direito o método propugnado por Puchta. Embora esse método tenha sido utilizado também no estudo do Direito público, a pandectística é uma escola tipicamente ligada ao Direito privado, tendo atingido sua formulação mais acabada nas Pandectas de Bernhard Windscheid, que exerceram tal influência que vieram a praticamente servir como base para a codificação do Direito germânico ocorrida no final do século XIX.
A pandectística era uma escola de linha positivista, na medida em que não buscava analisar o Direito segundo critérios de uma justiça natural, não tentava extrair normas da própria racionalidade humana nem intentava fundamentar a obrigatoriedade do Direito em uma teoria metafísica: seus interesses limitavam-se a uma descrição neutra e precisa do Direito que objetivamente existe e por uma descrição sistemática dessa realidade empírica, nos moldes das ciências exatas e da matemática. Essa ligação era tamanha que o filósofo Wundt chegou a dizer que a ciência do Direito, "por força de seu processo jurídico-conceptual, tem um caráter estritamente lógico e é, em certa medida, comparável à matemática".
COSTA, Alexandre Araújo. *A jurisprudência dos conceitos.* Disponível em: <http://www.arcos.adv.br/livros/hermeneutica-juridica/capitulo-iii-o-positivismo-normativista/3-a-jurisprudencia-dos-conceitos/> Acesso em: 5.12.2008.
[158] CORDEIRO. *Op. cit.,* p. 810.

2 — quando caia sobre a identidade do objecto da prestação ou sobre uma qualidade do mesmo que, segundo a apreciação comum ou em relação às circunstâncias, se deva considerar determinante do consenso;

3 — quando caia sobre a identidade ou sobre a qualidade do outro contratante, sempre que uma ou outra tenham sido determinantes do consenso;

4 — quando, tratando-se de erro de direito, tenha sido a razão única ou principal do contrato[159].

O ordenamento jurídico português consagra o erro no art. 247 do CC, determinando que:

> Quando, em virtude de erro, a vontade declarada não corresponda à vontade real do autor, a declaração negocial é anulável, desde que o declaratário conhecesse ou não devesse ignorar a essencialidade, para o declarante, do elemento sobre que incidiu o erro.

O erro, como apresentado pelo CC português, deve apresentar uma essencialidade, que é o caráter determinante do erro, ou seja, a representação ilusória da realidade que atravessa a formação da vontade do declarante e o retira do seu curso normal. Necessário ainda que seja feita a distinção entre essencialidade absoluta e relativa; para tanto se trazem à colação as palavras de Inocêncio Galvão Telles[160]:

> Erro *absolutamente essencial* é aquele que sozinho ou em conjunto com outra ou outras circunstâncias levou o enganado a concluir o negócio, em si, e não apenas nos termos em que o celebrou. Erro *relativamente essencial* é o que só influi no conteúdo do negócio, de tal maneira que o indivíduo, se não se encontrasse em erro, não se teria recusado *in limine* a contratar, mas também não teria desejado contratar nos termos em que o fez: teria querido contratar noutros termos, *naturalmente mais favoráveis*.

Vale ressaltar que quando o negócio é realizado estando o declarante em erro relativamente essencial, considera-se válido o negócio, entretanto, será válido naqueles termos em que, caso não estivesse em erro, teria querido o declarante, desde que o declaratário também o aceite dessa maneira.

Para que determinado negócio seja enquadrado em erro é necessário que esteja tipificado em lei. Desta forma, são os arts. 251 e 252 que relacionam quais as modalidades de erro.

O art. 251 traz o erro sobre a pessoa ou o objeto do negócio, assim determinando: "o erro que atinja os motivos determinantes da vontade, quando se refira à pessoa do declaratário ou ao objeto do negócio, torna este anulável nos termos do art. 247".

---

(159) *Ibidem*, p. 811.
(160) TELLES. *Op. cit.*, p. 84.

Já o art. 252 apresenta o erro sobre os motivos determinantes da vontade ou sobre a base do negócio, preconizando que:

1. O erro que recaia nos motivos determinantes da vontade, mas se não refira à pessoa do declaratário nem ao objeto do negócio, só é causa de anulação se as partes houverem reconhecido, por acordo, a essencialidade do motivo.

2. Se, porém, recair sobre as circunstâncias que constituem a base do negócio, é aplicável ao erro do declarante o disposto sobre a resolução ou modificação do contrato por alteração das circunstâncias vigentes no momento em que o negócio foi concluído.

O primeiro tipo de erro de que trata o ordenamento jurídico português é o erro sobre a pessoa. Esse vício da vontade recai sobre a identidade ou as qualidades do declaratário. Entretanto, esse erro tem que atingir um elemento essencial para o negócio, e não só isso, tal essencialidade deve ser conhecida, ou ao menos não ignorada, pelo declaratário.

Já o erro sobre o objeto do negócio trata da identidade do objeto e também das suas qualidades e, de acordo com António Menezes Cordeiro[161], diz respeito também ao valor desse objeto, bem como às qualidades jurídicas do mesmo.

O erro sobre os motivos determinantes do negócio, diz respeito, como bem preceitua o Diploma Legal que regula a matéria, a outros elementos que não estejam relacionados à pessoa ou ao objeto do negócio. Assim, esse tipo de erro advém do fato acerca da causa, do motivo que levou o declarante a contratar.

Porém, para que seja verificado o erro sobre os motivos, o CC é mais rigoroso e exige que a essencialidade do motivo só dê margem à anulação do negócio, caso ambas as partes, por acordo, o tenham reconhecido[162].

Percebe-se então que não basta que o declaratário apenas conheça, ou deva não ignorar, da essencialidade para o declarante, mas sim que, declarante e declaratário concordem quanto a essa essencialidade e que o elemento em causa foi determinante para a decisão do declarante[163].

Por fim, o erro sobre a base do negócio, definido pelo art. 252, n. 2, trata, basicamente da alteração das circunstâncias, quando o negócio passa a ser mais gravoso para o declarante.

---

(161) CORDEIRO. *Op. cit.*, p. 825.
(162) Nesse sentido, explica António Menezes Cordeiro que "as pessoas podem formular declarações pelos motivos mais variados e que nada tenham a ver com o objeto do negócio ou com o declaratário. Nessa altura, o facto de o destinatário conhecer — ou dever conhecer — a essencialidade do motivo não justifica a supressão do negócio: não se tratando dum elemento nuclear, ele não tem nada com isso. Assim, se uma declarante experimenta e compra um vestido de noiva, é patente que o motivo da compra é o seu próprio casamento; não pode invocar em erro nesse ponto pensara, por hipótese, que todas as convidadas para um casamento devem ir vestidas de noivas para anular o negócio. Com uma ressalva: a de ambas as partes terem reconhecido, por acordo, a essencialidade do motivo".
(163) TELLES. *Op. cit.*, p. 94.

O erro sobre a base do negócio é perfeitamente explicado por António Menezes Cordeiro[164], dizeres que se coloca na sua íntegra:

> Uma vez celebrado, o contrato deve ser cumprido. Trata-se dum dado existencialmente irresistível, sob pena de pôr em causa a própria contratação e, mais latamente, qualquer sociedade organizada. Todavia, pode suceder que um contrato, uma vez celebrado, venha a cair nas malhas de alterações circunstanciais de tal modo que ganhe um sentido e uma dimensão totalmente fora do encarado pelas partes, aquando da sua conclusão. A situação será, então, tanto mais injusta quanto maior for o prejuízo que, por essa via, uma das partes sofrer, em benefício da outra.

Para também elucidar o que vem a ser a base do negócio, traz-se à colação as palavras de Inocêncio Galvão Telles[165]:

> (...) constituem base do negócio as circunstâncias determinantes da decisão do declarante que, pela sua importância, justificam, segundo os princípios da boa-fé, a invalidade do negócio em caso de erro do declarante, independentemente de o declaratário conhecer ou dever conhecer a essencialidade, para o declarante, dessas circunstâncias e, por maioria de razão, sem necessidade de os dois se mostrarem de acordo sobre a existência daquela essencialidade.

O negócio tido em erro, seja qual for a causa, é tido como anulável.

4.3. Dolo

Ainda dentro da matéria do erro, encontra-se uma modalidade específica, chamada de erro qualificado por dolo[166]. De acordo com o art. 253 do CC, "entende-se por dolo qualquer sugestão ou artifício que alguém empregue com a intenção ou consciência de induzir ou manter em erro o autor da declaração, bem como a dissimulação, pelo declaratário ou terceiro, do erro do declarante".

O dolo pode ser provocado pelo declaratário ou por terceiro e, em ambos os casos, o negócio feito em erro induzido por dolo é anulável.

Manuel de Andrade[167], explica que:

> A sugestão ou artifício há-de traduzir-se em quaisquer expedientes ou maquinações tendentes a desfigurar a verdade (manobras dolosas) — e que realmente a desfiguram (de outro modo não haveria erro) —, quer

---

(164) CORDEIRO. *Op. cit.*, p. 830.
(165) TELLES. *Op. cit.*, p. 98.
(166) O conceito de dolo está relacionado à intenção consciente de *provocar certo evento contrário ao direito*. A pessoa que age com dolo sabe qual será o resultado ilícito e o quer. TELLES. *Op. cit.*, p. 108.
(167) ANDRADE, Manuel de apud CORDEIRO, António Menezes. *Op. cit.*, p. 836.

criando aparências ilusórias (*suggestio falsi*; obrepção), quer destruindo ou sonegando quaisquer elementos que pudessem instruir o enganado (*suppressio veri*; subrepção). Deve tratar-se, portanto, de qualquer processo enganatório. Podem ser simples palavras contendo afirmações sabidamente inexatas (*allegatio falsi*; mentira), ou tendentes essas palavras a desviar a atenção do enganado de qualquer pista que poderia elucidá-lo (...).

Também no dolo é a anulabilidade do negócio o efeito causado pelo erro, entretanto, surge nesta figura algo a mais, que é a responsabilidade do sujeito que age com dolo, tendo em vista a não observância das regras da boa-fé. A diferença também aparece quanto à responsabilidade do declarante que, ao contrário do que ocorre no erro quando culposo, não é responsabilizado, já que aqui acaba por ser também uma vítima e não o autor do comportamento doloso.

Como bem assevera Carlos Alberto da Mota Pinto[168]:

A responsabilidade do autor do dolo é uma responsabilidade pelo dano da confiança ou interesse contratual negativo. Em suma: o *deceptus* tem o direito de repristinação da situação anterior ao negócio e à cobertura dos danos que sofreu por ter confiado no negócio e que não teria sofrido sem essa confiança. Ao invés, não pode pretender ser colocado na situação em que estaria se fossem verdadeiros os factos fingidos por ele.

O dolo pode ser causado pelo declaratário, como preconizado pelo n. 1 do art. 254 do CC, como também pode ser proveniente de terceiro, determinado no n. 2 do mesmo dispositivo.

Em ambos os casos fazem-se necessárias algumas condições para que o dolo seja materializado:

— estar o declarante em erro;

— que o declaratário ou terceiro tenha causado ou dissimulado uma situação para que o declarante estivesse em erro;

— que o erro ao qual foi submetido o declarante esteja revestido de algum *artifício, sugestão ou embuste*[169].

4.4. Simulação

Por fim, tem-se a simulação, definida no art. 240, parte 1, do CC: "se, por acordo entre declarante e declaratário, e no intuito de enganar terceiros, houver

---
(168) PINTO. *Op. cit.*, p. 525.
(169) CORDEIRO. *Op. cit.*, p. 837.

divergência entre a declaração negocial e a vontade real do declarante, o negócio diz-se simulado". E a segunda parte do referido dispositivo estabelece que o "negócio simulado é nulo".

Conclui-se então que a simulação nada mais é do que um conluio entre as partes contraentes, com o intuito de enganar terceiro. O acordo entre as partes assenta na emissão de vontade que não corresponde à sua vontade real.

Ou, nas palavras de Orlando de Carvalho[170]:

> Simular, juridicamente, significa apresentar alguma coisa que não é; a simulação negocial consiste em aparentar um negócio que não existe, quer sob as roupagens do ato simulado se oculte um negócio diferente quer não se oculte coisa nenhuma.

Fundamental entender que na simulação os contraentes firmam um acordo que diverge da sua vontade real, com o objetivo de enganar terceiros.

De acordo com art. 240 do CC, o negócio simulatório possui três requisitos:

— haver um acordo entre o declarante e o declaratário;

— que exista uma divergência entre a efetiva declaração e a vontade das partes[171];

— e que esse acordo simulado tenha o intuito de enganar terceiros.

Tais requisitos legais se mostram importantes na medida em que devem ser invocados por quem interessado esteja em *prevalecer-se* da simulação. Assim, faz-se importante que exista o acordo entre as partes para que a simulação não se confunda com o erro ou a reserva mental; já a necessidade de divergência entre vontade e declaração é fundamental para que o negócio simulado exista; a intenção de enganar terceiro (e não apenas prejudicá-lo) apresenta-se necessária, uma vez que existe ação voluntária de criar uma aparência[172].

A simulação comporta diferentes modalidades, podendo ser distinguida entre simulação fraudulenta e simulação inocente. Diz-se que a simulação é inocente quando as partes tiveram apenas o objetivo de enganar terceiros, sem, no entanto, prejudicá-los (*animus decipiendi*); e é fraudulenta quando houve o intuito de prejudicar ilicitamente o terceiro, bem como contornar a aplicação de qualquer norma da lei (*animus nocendi*)[173].

Como bem explica Inocêncio Galvão Telles[174]:

---

(170) CARVALHO, Orlando de *apud* VICENTE, Joana Isabel Sousa Nunes. *A fuga à relação de trabalho típica*: em torno da simulação e da fraude à lei. Dissertação Mestrado em Ciências Jurídico-Laborais. Faculdade de Direito da Universidade de Coimbra. Coimbra, 2008 p. 20.
(171) A divergência entre a vontade e a declaração é intencional, ou seja, "o declarante não só sabe que a declaração emitida é diversa da sua vontade real, mas quer emiti-la nestes termos". *Ibidem*, p. 21.
(172) CORDEIRO. *Op. cit.*, p. 843.
(173) PINTO. *Op. cit.*, p. 467.
(174) TELLES. *Op. cit.*, p. 166.

As simulações são bastante frequentes, e se, por vezes, se fazem só com o *intuito de enganar* (*animus decipiendi*), em regra domina-as o *propósito de prejudicar* (*animus nocendi*). O intuito de enganar é o mínimo imprescindível; mas na grande maioria dos casos a intenção dos simuladores apresenta coloração ou intensidade bem mais forte, porque os anima o objetivo de causar a alguém um dano ilícito, sendo para produzir esse dano que forjam a *ficção de um contrato*, por eles na realidade não desejado. A simulação que visa apenas *enganar* diz-se *inocente*; a que visa *prejudicar* diz-se *fraudulenta*.

Outra modalidade de simulação diz respeito à simulação absoluta e relativa. O negócio simulatório é absoluto quando as partes fingem celebrar um contrato, mas, na verdade, não só não querem esse acordo, como não têm o objetivo de celebrar negócio algum. Já a simulação relativa diz respeito ao negócio que é feito de forma diversa daquela que efetivamente traduziria a vontade das partes.

Na simulação relativa existem dois negócios: o simulado e o dissimulado, que se trata do negócio que efetivamente se queria, mas que foi encoberto pelo primeiro.

Trazem-se à colação, pela clareza de sua explicação, novamente os dizeres de Inocêncio Galvão Telles[175]:

> (...) A simulação diz-se *absoluta* quando na aparência se celebra um contrato, mas na realidade nenhum contrato se quer, como no caso do devedor que finge vender os seus bens. É *relativa* se as partes pretendem realizar e de facto realizam um contrato, mas para iludir terceiros o *ocultam* com um contrato diverso pela sua função e natureza, ou diverso nalgum outro aspecto. Na simulação *absoluta* há *um só ato jurídico — o simulado*; na simulação *relativa* há *dois — o simulado* e (encoberto por ele) o *dissimulado*.

A divergência entre vontade e declaração pode recair sobre o objeto ou sobre o conteúdo do negócio, sendo então chamada de simulação objetiva; ou também pode dizer respeito aos sujeitos/partes do negócio, denominada então de simulação subjetiva[176].

Tanto o negócio simulado absoluto quanto o relativo são nulos, de acordo com o n. 2 do art. 240 do CC. Entretanto, com relação à simulação relativa, uma ressalva faz-se necessário notar no que tange ao negócio dissimulado: o tratamento jurídico que será dado será aquele que lhe caberia caso sua conclusão não tivesse sido maculada pela simulação, ou seja, "poderá o negócio latente ser plenamente válido e eficaz ou poderá ser inválido, consoante as consequências que teriam lugar, se tivesse sido abertamente concluído"[177].

---

(175) *Ibidem*, p. 168.
(176) VICENTE. *Op. cit.*, p. 22.
(177) PINTO. *Op. cit.*, p. 471.

A simulação pode ser arguida pelos próprios simuladores ou por terceiros[178]. Na hipótese de ser invocada pelos próprios simuladores e o negócio simulado estar em documento autêntico ou particular, a lei restringe a apresentação de provas, não sendo permitida a utilização de prova testemunhal, bem como são excluídas as presunções judiciais, de acordo com os arts. 394, n. 2, e 351 do CC, respectivamente[179].

Define ainda o Diploma civilista, em seu art. 243, a inoponibilidade da simulação a terceiros de boa-fé. Em linhas gerais basta esclarecer que, caso o terceiro de boa--fé, que se encontre envolvido em um negócio simulado, tenha interesse na manutenção do contrato, não será possível a invocação da simulação perante ele.

Para tanto, deve-se observar a definição de boa-fé trazida pelo *Codex* no n. 2 do art. 243, que define, nesse caso, ser a "ignorância da simulação ao tempo em que foram constituídos os respectivos direitos".

5. APLICAÇÃO DOS DEFEITOS DO NEGÓCIO JURÍDICO NO DIREITO DO TRABALHO

A narrativa acima exposta acerca dos vícios da vontade tem como objetivo encontrar um subsídio que respalde a fragilidade encontrada no momento em que o trabalhador exara seu consentimento e aceita as cláusulas impostas pelo empregador no contrato de trabalho.

Não se pode, ainda, afirmar com clareza que é a aplicação do regime dos vícios da vontade que trará uma resposta jurídica para tão inquietante questionamento.

Todavia, a possibilidade de ser essa a solução cabível, ou, pelo menos, a mais acertada por enquanto, torna necessária a análise de qual seria o vício a ser aplicado ao consentimento do trabalhador, e, portanto, merecedora de uma explanação pormenorizada com relação à aplicação dos defeitos do negócio jurídico no Direito do Trabalho.

O direito laboral comporta a aplicação dos vícios do consentimento, ou, como bem lembra Grégoire Loiseau[180], uma vez que o contrato de trabalho, de acordo com os mesmos termos da lei (art. L. 121-1 C. Trav.), está sujeito às regras do direito comum, pode ver-se aplicar, qualquer outro contrato, a teoria dos vícios do consentimento.

---

(178) A doutrina define terceiro, nesse caso, como: "... pessoas diversas dos simuladores — ou de seus sucessores por morte — titulares de um direito que será afectado, na sua essência ou no seu valor, já pela *validade*, já pela *nulidade* do referido contrato". TELLES. *Op. cit.*, p. 173. Bem como "... definido de forma a abranger quaisquer pessoas, titulares de uma relação jurídica ou praticamente afetada pelo negócio simulado e que não sejam os próprios simuladores ou os seus herdeiros". PINTO. *Op. cit.*, p. 477.
(179) PINTO. *Op. cit.*, p. 485.
(180) LOISEAU, Grégoire. L'application de la théorie des vices du consentement au contrat de travail. In: *Etudes offertes a Jacques Ghestin:* le contrat au debut du XXIè sieèle. Paris: LGDJ, 2001. p. 579.

O presente estudo tem como escopo entender como se processa o consentimento do trabalhador no momento em que este estabelece a sua relação laboral. É cediço que a vontade do trabalhador não se dá simplesmente livre e desimpedida, isto porque a necessidade de inserção social e o recebimento de salário para financiar a sua subsistência acarretam, no mínimo, uma fragilidade do empregado com relação ao empregador.

Vários são os exemplos de emprego de vício do consentimento ao contrato laboral e os mesmos serão aqui expostos. Entretanto, se trará à colação, quando da análise aprofundada do consentimento do empregado (tópico a seguir), uma tentativa de enquadramento, dentro dos defeitos do negócio jurídico, da manifestação de vontade do trabalhador no exato momento em que se submete às normas impostas pelo seu empregador.

É esse consentimento que está em discussão e é ele que deve ser analisado quanto à possibilidade de estar afetado por algum vício. Mas, para um melhor entendimento passa-se, primeiro, à pormenorização dos exemplos práticos do contrato de trabalho maculado por defeito jurídico.

Os principais vícios a que os contratos de trabalho estão sujeitos são erro, dolo, coação e simulação. Existe também vasta aplicação do instituto da fraude à lei, que, embora não estudado quando se tratou dos vícios em espécie, será mencionado nesse tópico.

Quando se fala em erro, necessário lembrar que dois requisitos são fundamentais para sua caracterização:

a) *escusabilidade* — o erro, em face das circunstâncias em que foi cometido, deve ser justificável e desculpável em pessoas de inteligência e atenção medianas; b) *substancialidade* (ou *essencialidade*) — (...) somente o erro substancial implica anulação do negócio jurídico [181].

No que diz respeito à essencialidade, como já visto anteriormente, o erro pode recair sobre a pessoa ou sobre o objeto negocial. No contrato de trabalho, dois exemplos claros exemplificam ambos os erros. Para enquadrar um contrato de trabalho maculado pelo erro com relação ao objeto, cita-se o exemplo de um candidato que é contratado para exercer um cargo de processador em informática, acreditando que trabalharia no centro de processamento de dados, quando na verdade a sua função era restrita ao serviço burocrático da empresa. Com relação ao erro que recai sobre a pessoa o exemplo clássico é a contratação de um artista renomado e na realidade a contratação se fez com um homônimo seu [182].

A aplicação do dolo aos contratos laborais se dá quando:

---

(181) DALLEGRAVE NETO, José Affonso. *Contrato individual de trabalho* — uma visão estrutural. São Paulo: LTr, 1998. p. 50.
(182) *Idem.*

Por parte do patrão (...), para obter o consentimento do empregado, lhe apresentasse cifras falsas de seus negócios para induzi-lo a acreditar numa remuneração incerta por via de participação nos lucros; por parte do trabalhador existiria dolo quando, para conseguir o emprego, exibisse falsas credenciais a respeito de sua habilidade ou competência profissional[183].

A prática da coação nos contratos de trabalho não é pouco comum e acaba por se revelar como uma conduta abusiva por parte do empregador que, muitas vezes, acredita apenas estar exercendo o seu papel como "patrão". Entretanto, há uma diferença significativa entre a coação e o exercício regular do direito e temor reverencial[184], isso porque na coação, seja física ou moral, exige-se o emprego de violência.

Modelo de coação nos contratos laborais é o empregador que extrapola o seu poder disciplinar e diretivo previsto em lei e coage seu empregado a aceitar diversas imposições, como assinar documentos em branco, autorizar descontos salariais etc.[185].

As figuras da simulação, bem como a aplicação do estado de necessidade e demais institutos considerados relevantes para o tema em questão, serão tratados no tópico a seguir, tendo em vista a intrínseca relação existente com a vontade que aqui se quer estudar.

6. O CONSENTIMENTO COMO EXPRESSÃO DA VONTADE DO TRABALHADOR

Do todo quanto se ateve até o momento, o escopo maior era chegar a esse ponto e analisar minuciosamente as questões atinentes à integridade do consentimento do trabalhador no âmbito do contrato de trabalho. Pois bem. É aqui que se dá maior atenção ao presente estudo.

Já se bem sabe que a manifestação de vontade das partes contraentes quando da celebração de um contrato de trabalho deve ser livre e desembaraçada de qualquer vício.

A expressão usada pelo doutrinador já antes citado Mauricio Godinho Delgado[186] para caracterizar o quanto límpida deve ser essa vontade é "higidez de

---

(183) RODRIGUEZ, Américo Plá apud DALLEGRAVE NETO, José Affonso. Op. cit., p. 51.
(184) O n. 3 do art. 255 do CC determina que não há espaço para coação moral a "ameaça do exercício normal de um direito nem o simples temor reverencial". Esclarece-se apenas que "o empregador no exercício de seu *jus variandi* tem o poder de determinar algumas alterações, não substanciais, no contrato de trabalho". E ainda, o temor reverencial é inerente à relação entre pessoas a quem se deve respeito e obediência, estando por diversas vezes presente no contrato de trabalho, tendo em vista a relação de hierarquia existente entre empregado e empregador. DALLEGRAVE NETO. Op. cit., p. 52.
(185) Idem.
(186) DELGADO. Op. cit., p. 491 e ss..

manifestação da vontade" e segue o mesmo autor explicando que essa higidez é elemento fundamental para os contratos celebrados.

Ora, é cediço que no contrato de trabalho essa manifestação de vontade também precisa ser livre de qualquer vício ou constrangimento. Entretanto, por tratar-se basicamente de um contrato de adesão (o que se verá adiante), essa liberdade de manifestar a vontade é restringida quando se trata da vontade do trabalhador, já que via de regra ele apenas adere às cláusulas contratuais anteriormente estipuladas unicamente pelo empregador.

6.1. A MANIFESTAÇÃO DE VONTADE DO TRABALHADOR

Já se falou anteriormente sobre os elementos constitutivos do contrato de trabalho, tendo como foco principal a subordinação jurídica. É essa subordinação à qual o trabalhador está sujeito que norteia toda a relação laboral, inclusive e principalmente, no que diz respeito ao momento da celebração do negócio jurídico em questão.

Na melhor doutrina, encontram-se os ensinamentos de Maria do Rosário Palma Ramalho[187] que bem explicita a questão:

> O elemento subordinação jurídica recorta o binômio subjetivo do contrato, no sentido em que evidencia a posição desigual que as partes nele ocupam: da parte do trabalhador, uma posição de dependência ou de subordinação; da parte do empregador, uma posição de domínio, que se manifesta na titularidade dos poderes laborais de direção e de disciplina.

É por ser o trabalhador o contraente débil da relação contratual que o Direito Laboral clama por regras protecionistas, o que, até certo ponto, ocorre na legislação vigente. Nesse sentido, segue a mesma autora:

> (...) o vínculo laboral típico parte do pressuposto da inferioridade econômica e jurídica do trabalhador, pelo que o seu regime é globalmente vocacionado para a respectiva tutela. Com esse objetivo, um conjunto de direitos e garantias inerem ao estatuto laboral do trabalhador e traduzem-se numa tutela forte em matéria retributiva e funcional, em matéria de local de trabalho e de tempo de trabalho, em matéria acidentária e nas eventualidades cobertas pelo regime de segurança social, e, finalmente, em matéria de estabilidade do vínculo laboral, com a imposição de limites à cessação do contrato de trabalho por iniciativa do empregador.

---

(187) RAMALHO, Maria do Rosário Palma. *Direito do trabalho*. Coimbra: Almedina, jul. 2006. p. 18. Parte II: situações laborais individuais.

Ora, se é tão nítida a relação de hipossuficiência por parte do empregado, tanto que existe na legislação em vigor a proteção durante a execução da relação contratual, por que não protegê-lo no exato momento em que celebra esse contrato? As normas laborais, tão recentemente modificadas, não perceberam ainda que a simples aderência da parte frágil da relação causa diversos problemas na relação contratual, que, como bem se sabe, é de trato sucessivo e continuado.

Nesse sentido, bem assevera Manuel de Cossio[188] ao explicar que:

> (...) el problema da la voluntad se complica extraordinariamente, ya que no se trata de una voluntad que actúa libremente y que impone su dictado a otras voluntades ajenas, sino, por el contrario, de dos voluntades distintas, que sirven, cada una de ellas, intereses distintos, y que se conciertan en un mutuo consentimiento que supone, de una parte, afirmación de la voluntad propia y, de otra, sumisión voluntaria a la voluntad ajena: libremente se establecen derechos y, libremente también, se aceptan obligaciones, por lo que paradójicamente resulta, que de un acto de soberanía individual deriva un estado individual de sometimiento, lo que explica que para Alfonso de Cossio, nos encontremos aquí ante una abdicación de la propia voluntad, convirtiéndose esta abdicación en condición de la libertad, cuando a lo que viene es a negarlo o, por lo menos, a restringirla.

Por todos esses motivos determinantes, o consentimento do trabalhador não pode ser tido como uma simples manifestação de vontade, como ocorre nos demais negócios jurídicos. Existe, nos contratos em que há uma desigualdade entre as partes contratantes, como nas relações de consumo, uma necessidade de perceber como distinta a vontade das partes em jogo.

A própria jurisprudência tem-se manifestado no sentido de reafirmar que, quando se está diante de relações trabalhistas, não se podem conceber as partes como iguais, de acordo com o que se encontra no Direito Contratual Civil[189]:

> Se se partir da asserção segundo a qual o termo "trabalhadores", usado pelo texto constitucional, inclui seguramente todos aqueles que prestam a outrem *trabalho subordinado* — e se se entender também que "as relações de trabalho subordinado se não configuram como verdadeiras relações entre iguais, ao jeito das que se estabelecem no sistema civilístico dos contratos" (Acórdão n. 581/95) —, então, a intenção constitucional de proteger especialmente a condição existencial do trabalhador enquanto titular de direitos, liberdades e garantias só pode

---

(188) COSSIO, Manuel de. *Frustraciones y desequilíbrios contractuales.* Granada: Comares, 1994. p. 9.
(189) Acórdão do Tribunal Constitucional. Acórdão de 23 de dezembro de 2008, n. 632/2008. Relatora Conselheira Maria Lúcia Amaral. Processo n. 977/2008. Disponível em: <http://w3b.tribunalconstitucional.pt/tc/acordaos/20080632.html > Acesso em: 27.1.2009.

relevar de uma outra intenção mais funda, que é a que vai incluída no *princípio da realização da democracia económica, social e cultural* e nas especiais tarefas do Estado que dele decorrem [art. 9º, alínea d]. Como se disse, ainda, no já referido Acórdão n. 581/1995, a Constituição, ao proteger como protege o bem jurídico "trabalho subordinado", pretende afinal garantir que «a validade dos contratos [de trabalho dependa] não apenas do consentimento das partes no caso particular, mas também do facto de que esse consentimento "se haja dado dentro de um marco jurídico–normativo que assegure que a autonomia de um dos indivíduos não está subordinada à do outro" (NINO, C. S. *Ética y derechos humanos*. Buenos Aires, 1984. p. 178).

Talvez, o problema aqui seja com relação à natureza do vínculo empregatício. É cediço na doutrina que o contrato de trabalho é um negócio jurídico e, portanto, advém da manifestação de vontade das partes. Entretanto, há muito que se discute tal assertiva e, por isso, existem duas teorias a respeito.

A primeira, que é a vigente no ordenamento jurídico atual e que, provavelmente, seja a responsável pela discussão aqui presente, é a teoria contratualista; para ela a relação existente entre empregado e empregador tem natureza contratual, baseando-se na vontade dos contraentes, sendo o trabalho prestado como contraprestação ao recebimento do salário. Já a segunda teoria é a anticontratualista, que afirma não ser a relação de trabalho uma relação contratual, tendo em vista que o trabalhador apenas se insere no âmbito empresarial, não manifestando explicitamente a sua vontade.

Ao admitir a teoria contratualista, está-se considerando que a vontade das partes, no momento da celebração do contrato laboral, advém da união das vontades exaradas livremente pelo trabalhador e empregador[190].

Para enquadrar a relação de emprego como contrato faz-se necessário que seja buscada a forma social desse negócio jurídico, ou seja, que se consiga inserir o contrato laboral na função social do contrato. Isso quer dizer que, ao admitir a teoria contratualista, deve-se buscar a equiparação do trabalhador, colocando-o como efetivo sujeito de direito, estando então no mesmo nível do empregador. Mas isso não pode dar-se apenas pela sua fragilidade reconhecida pela lei, mas como indivíduo apto a praticar atos jurídicos e com reconhecimento constitucional de seus direitos fundamentais[191].

---

(190) Para alguns doutrinadores, a visão tradicional de ser o contrato de trabalho um acordo de vontades entre as partes já está há muito superada. Exemplo disso são as palavras de Toledo Coelho ao afirmar que "... a categoria do contrato não dá conta de explicar o fato da relação de emprego que se forma mesmo sem a vontade das partes, o que enseja um novo desafio aos juslaboralistas na construção de uma nova categoria que dê conta de inserir o trabalho de forma mais ampla possível". COELHO. *Op. cit.*, p. 149.
(191) *Ibidem*, p. 142.

Para alcançar esse objetivo seria imprescindível que, como bem assevera Aldacy Rachid Coutinho[192]:

> (...) a subordinação se readequasse à função social do contrato; a direção do empregador estaria restrita ao cumprimento do contrato, na exata medida da ordenação do labor. Não se trataria de um poder sobre a pessoa do empregado, senão sobre o objeto do contrato, limitado sempre à observância da dignidade da pessoa trabalhadora. Outrossim, a supremacia do ser sobre o ter determinaria o reconhecimento de um espaço de poder no cerne das relações empregatícias e o empregado, de um ausente de poder, seria detentor de um "contrapoder" e, destarte, superada a noção de sujeição ou subordinação, pelo "alheamento", no sentido de atribuição da utilidade patrimonial do seu trabalho pessoal a outrem.

Como já aduzido, não se trata de uma vontade manifestadamente livre, pelo menos não no que tange ao trabalhador. A dúvida que se coloca é se há, de fato, uma vontade emanada pelo empregado ou se esse acaba por ser "obrigado" a contratar, uma vez que, além de ser o contrato de trabalho um meio de inserção social, o é, e ainda mais importante, o único meio encontrado para sua subsistência e de sua família.

Claro é que este estudo visa exatamente discutir essa questão e para isso, além dos argumentos já colocados, traz-se à colação os ensinamentos de um Juiz trabalhista brasileiro, até aqui um dos poucos doutrinadores que efetivamente se debruçou mais a fundo sobre a matéria.

Para Eduardo Milléo Baracat[193], o problema central que se estabelece quando se parte da premissa de que a relação de trabalho é um negócio jurídico e como tal é também um contrato, é que "não se questiona se do trabalhador efetivamente emana a vontade de estabelecer uma relação jurídica de emprego, conquanto esta relação acabe por existir".

Há então a certeza de que o contrato de trabalho é celebrado com a *convergência* das vontades de empregado e empregador, que são emanadas de forma livre por ambas as partes contratantes.

Ora, a questão que se coloca nesse momento, por este estudo e pelo autor acima mencionado, é saber se há efetivamente uma manifestação de vontade por parte do trabalhador. E, uma vez chegada à conclusão de que ela existe, saber ainda se não seria então uma vontade viciada, tendo em vista toda a pressão social e pessoal à qual está sujeito o indivíduo quando necessita do emprego.

---

(192) COUTINHO. *Op. cit.*, p. 46.
(193) BARACAT, Eduardo Milléo. A vontade na formação do contrato de trabalho: o problema do negócio jurídico. In: *O impacto do novo código civil no direito do trabalho*. São Paulo: LTr, 2003. p. 112 e ss.

Para explicar tal assertiva, reserva-se o direito de transcrever os dizeres de Baracat[194]:

> O vocábulo "vontade", segundo o léxico, é a "Faculdade de representar mentalmente um ato que pode ou não ser praticado em obediência a um impulso ou a motivos ditados pela razão" ou "Sentido que incita alguém a atingir o fim proposto por esta faculdade; aspiração; anseio; desejo" ou, ainda, "Capacidade de escolha, de decisão".

Agir movido pela vontade é, portanto, poder escolher, conforme uma avaliação intelectual, pessoal, íntima. Trata-se de uma noção impalpável, quase metafísica, "um modo de ser da psique, como tal não cognoscível e não comprovável objetivamente". Esta parece ser a vontade real de que trata a teoria da vontade. A vontade, a dita real, não é suficiente, contudo, para justificar a existência de vontade do trabalhador na formação do contrato de trabalho.

Com efeito. Não existe vontade real do trabalhador, muito menos livre, quando este não tem a possibilidade de discutir o valor do salário quando da contratação, nem qualquer outra condição de trabalho.

Constata-se então que o que se propõe é que, na realidade, está-se diante de uma ausência de vontade. O trabalhador vê-se compelido a celebrar o contrato de trabalho, porque esta é a única maneira lícita e socialmente aceita como meio de subsistência.

O trabalhador então aceita as condições impostas pelo empregador que, mesmo possuindo normas de regulamentação quanto ao dever de informação e de limitação de cláusulas a serem inseridas no contrato laboral, ainda pode apresentar um nítido abuso. Tanto é que, como já mencionado, via de regra, os contratos de trabalho apresentam-se ao trabalhador de maneira pronta e não lhes é dada a chance de discutir qualquer que seja das cláusulas ali impostas.

É nesse sentido que o autor acima citado explica que nem a possibilidade de aplicação dos vícios do consentimento (erro, dolo, coação) é suficiente para caracterizar o que ocorre no momento da celebração do contrato de trabalho, tendo em vista não haver manifestação emanada pelo trabalhador[195].

Pode-se afirmar então que existe uma restrição quanto à liberdade do trabalhador, uma vez que esse não encontra opção quanto a contratar ou não quando o que está em jogo é o emprego. Não havendo liberdade de contratação, não se pode efetivamente afirmar que essa é uma vontade livre.

---

(194) *Ibidem*, p. 114.
(195) Neste sentido, analisar-se-á, quando se tratar das hipóteses de metodologia jurídica para proteger o trabalhador, a possibilidade de, uma vez superada a hipótese de ausência, qual o vício que pode ser aplicado, ou, ainda, levando-se em conta a ausência, qual das formas de defeito advindo destas figuras poderia ser aplicada ao caso.

Baracat[196] ainda vai mais longe e afirma que:

> Quando o trabalhador aceita uma oferta de trabalho, não o faz em seu nome, nem manifesta um atributo de sua alma; ele expõe, na verdade, a vontade do conjunto de relações sociais nas quais vive. Em outras palavras, quando o trabalhador pensa acerca de determinado contrato de trabalho, as relações sociais objetivas nas quais está inserido se fazem presentes na sua consciência, e se expressam em seu pensamento e, por conseguinte, em sua linguagem. Por esta razão o trabalhador, ao celebrar um contrato de trabalho, não possui vontade, limitando-se a expor a vontade do conjunto de relações sociais em que vive, agindo, na verdade, involuntariamente.

É o trabalhador a parte frágil do contrato, já que se encontra em uma posição de fragilidade. Situação débil que é colocada socialmente, seja pelo estado de necessidade em que se encontra, seja pela única opção encontrada para inserção social.

Pode-se dizer que o trabalhador possui um "constrangimento de inferioridade", que é aquele que afeta o consentimento do contraente débil na composição da liberdade. Não se negociam os melhores interesses, porque ele não é realmente livre para aceitar ou rejeitar. A aceitação tem um escopo, evidentemente limitado, quando emana de alguém que não tinha meios disponíveis para rejeitar. Isto ocorre ao candidato ao emprego (contrato) que não tem condições de negociar. A inferioridade do trabalhador em termos de subordinação preexiste ao contrato. A desigualdade encontrada na relação laboral desempenha um papel fundamental, já que a dependência econômica acrescida da desigualdade intelectual coloca o trabalhador na misericórdia do empregador[197].

É assim que o trabalhador vê restringida a sua liberdade de contratar, já que normalmente o que se vê é a adesão dele a um contrato *estereotipado* e, teoricamente, lhe é dada a opção de não contratar, mas não lhe é dada chance de propor modificações, e, assim, "entre o desemprego que o exclui e a privação que o mata, contrata"[198].

Elucidam bem a falta de liberdade ao qual o trabalhador está sujeito, novamente, os dizeres de Baracat[199]:

---

(196) BARACAT. Op. cit., p. 114.
(197) COUTURIER, Gerard. Les relations entre employeurs et salariés em droit français. In: *La protection de la partie faible dans les rapports contractuels. Comparaison franco-belges. Bibliothèque de droit privé.* Libriarie de droit et de jurisprudence, EJA, e les Centres de droit des obligations de l'Université de Paris I ET l'Université catholique de Louvain-la-neuve. 1996. t. 261, p. 143.
(198) DONATO, Messias Pereira. *Curso de direito individual do trabalho.* 6. ed. São Paulo: LTr, 2008. p. 319.
(199) BARACAT. Op. cit., p. 114.

A falta de liberdade do trabalhador ao celebrar um contrato de trabalho, atualmente, não decorre de seu aprisionamento físico, mas de um "aprisionamento social". Ao contrário do escravo, o trabalhador, em geral, não está enclausurado em determinado espaço físico, mas não dispõe de opções para celebrar contratos de trabalho. Se lhe surge a oportunidade de trabalho, não lhe é dada a opção de dizer "não aceito esta ou aquela condição", exceto, repita-se, nos casos de altos empregados. (...) O excesso de contingentes de trabalhadores e, consequentemente, o desemprego, é uma característica do capitalismo, de modo que a liberdade e a vontade real do trabalhador não existem quando da contratação do trabalhador dentro do sistema. É vazio, e não passa de mera retórica, o argumento de que a liberdade e, por conseguinte, a vontade do trabalhador consiste na possibilidade da livre escolha de emprego, sendo, portanto, descolado da realidade social.

O desemprego torna hoje o trabalhador ainda mais suscetível ao aceite de qualquer oferta de emprego, já que com a dificuldade de alçar voos maiores, tem que se contentar com as imposições oferecidas pelo mercado de trabalho. Esse fator contribui ainda mais para tornar o contraente débil da relação laboral ainda mais frágil, como se verá a seguir.

7. A FRAGILIDADE DO TRABALHADOR COMO CONTRATANTE

Conquanto fale-se do trabalhador como contraente débil da relação laboral, tendo em vista que é o indivíduo com, via de regra, menor poder aquisitivo[200] e, na maioria das vezes, menos conhecimento técnico[201], não se deixa de lado a característica típica de protecionismo desse contraente nas normas laborais vigentes.

A intervenção estatal, apesar de ainda não ter alcançado o objetivo aqui proposto, tem um histórico de luta árdua para obter resultados que chegassem próximo da igualdade das partes contraentes na relação laboral.

No intuito de diminuir a desigualdade existente entre empregado e empregador o Estado viu-se obrigado a intervir, assim, de acordo com José de Segadas Vianna[202]:

---

(200) Interessante salientar neste momento que o foco principal do presente estudo são os trabalhadores em massa, aqueles com inferioridade econômica e, por conseguinte, menor poder de barganha quando da celebração do contrato de trabalho. Não se deixou de lembrar dos empregados de alto escalão, entretanto, esses possuem um respaldo econômico e social diferenciado e maior e, por isso, não se faz necessária a sua menção no caso em questão.
(201) Nesse sentido, existe uma "ignorância-inferior", que acaba por ser o essencial de desigualdade entre os contratantes da relação laboral, já que um deles é um profissional e o outro leigo; isso porque o leigo trabalhador não dispõe de conhecimentos técnicos, informações jurídicas suficientes que permitam ter uma representação exata da situação em que o contrato está sendo concluído. COUTURIER. *Op. cit.*, p. 149.
(202) SÜSSEKIND, Arnaldo; MARANHÃO, Délio; VIANNA, José de Segadas; TEIXEIRA FILHO, João de Lima. *Instituições de direito do trabalho*. 22. ed. São Paulo: LTr, 2005. v.1, p. 11 e ss.

Começaria o Estado, dessa maneira, a limitar, a defrontar, a destruir a diferença entre classes e grupos, a fazer sobressair o interesse coletivo, tornando relativo o direito individual, limitando o seu exercício quando ele contrariasse o interesse da sociedade. (...) O poder pertence a poucos; as riquezas estão acumuladas nalgumas mãos; a liberdade de comércio permite a intensidade da produção e a concentração dos bens, por consequência, fortunas privadas consideráveis. (...) Tomou corpo a doutrina intervencionista. Em nome da solidariedade substitui-se a igualdade pura pela igualdade jurídica, como regra de direito que impõe o interesse geral sobre o particular sem que, entretanto, se anule o indivíduo. (...) Verificado que a liberdade econômica e, pois, a livre concorrência, não conseguem harmonizar os interesses individuais e que, ao contrário dessa harmonia, a diversidade econômica criada entre os indivíduos pela liberdade é causa da existência de classes sociais que se opõem e ameaçam a existência do próprio Estado, ele, para corrigir a desigualdade, amplia suas atribuições. Nesse aspecto intervencionista a ação do Estado faz-se sentir de maneiras diversas, seja regulamentando a iniciativa privada, seja fomentando-a e vigiando-a, seja substituindo-se a ela em benefício do interesse coletivo.

No entanto, como já aduzido, o amparo trazido pelo Estado tange tão somente a execução do contrato e, mesmo os poucos existentes para proteger o momento de sua celebração, não visam à proteção do consentimento do trabalhador. E não só isso, até mesmo os dispositivos legais hoje em vigor sofrem uma grave "diminuição" de valor.

Nos dias atuais assiste-se a uma frequente e constante flexibilização[203] das leis trabalhistas, até o próprio CT, tão novo, já traz normas menos rigorosas no que concerne ao protecionismo do trabalhador[204].

---

[203] É o tema da flexibilização das leis laborais complexo e trabalhoso, sendo possível a realização de um grande estudo apenas sobre o assunto. Todavia, cabe aqui uma breve explanação sobre como vem acontecendo tal fenômeno e algumas das suas consequências no campo jurídico.
Foi com a crise econômica petrolífera que teve início nos anos setenta que *o problema da flexibilização do mercado de trabalho* passou a ter destaque no campo doutrinário. LEITE, Jorge. *Op. cit.*, p. 2. Na década de 1980 constatou-se a decadência do modelo de produção fordista-taylorista e surgem os novos processos produtivos, "onde o cronômetro e a produção são substituídos pela flexibilização da produção, pela especialização flexível, por novos padrões de busca da produtividade, por novas formas de adequação da produção à lógica de trabalho". VALENTE, Denise Pazello *apud* ANTUNES, Ricardo.
Nesse sentido segue Pazello Valente afirmando que "é nesse contexto, de reconhecimento da fábrica como organismo complexo, capaz de ajustar-se às necessidades oligopolistas em qualidade e diferenciação de produtos, que o discurso da flexibilidade do mercado de trabalho e, consequentemente, da relação de trabalho, torna-se uma justificativa recorrente para as mudanças que vêm ocorrendo no aparato legal trabalhista. Direitos flexíveis para atender às demandas de um mercado globalizado.
(...) Para os críticos da ideologia da flexibilidade, o termo representa uma mera desregulamentação com vistas à satisfação de interesses meramente econômicos. A rigor, a desregulamentação estaria intimamente ligada à desestatização, uma vez que tanto uma como outra expressão sugerem a ausência de legislação estatal nas relações de trabalho". VALENTE, Denise Pazello. *Direito do trabalho:* flexibilização ou flexploração?

Tal fato ocorre porque houve uma necessidade urgente de priorizar o mercado capitalista, focando então no empresário como centro da relação mercantil.

Entretanto, ao ter como centro da relação laboral o capital e a empresa, se esquece que esse não é um negócio jurídico como os demais, não podendo se ter em conta apenas uma das partes, tanto é que, no âmago da legislação trabalhista, estava e deveria ainda estar a proteção do contraente frágil.

É nesse sentido que encontramos as palavras do autor Jorge Leite[205]:

> Se, neste contrato, não estivesse envolvida, de uma forma tão singular, a pessoa do trabalhador, se tudo pudesse reduzir-se a uma mera questão empresarial (plano em parece querer encerrá-lo o discurso tecnocrático e o discurso liberal), talvez tudo não passasse de um problema puramente técnico, o problema da definição das regras de gestão mais adequadas à maior competitividade da empresa, à sua capacidade de gerar lucros e de se desenvolver, ao seu êxito aí onde ela trava a luta pela "sua sobre-

---

In: *Transformações do direito do trabalho* — estudos em homenagem ao professor doutor João Régis Fassbender Teixeira. Curitiba: Juruá, 2002. p. 439/440.

Para concluir quanto pode ser prejudicial para os trabalhadores a flexibilização das suas normas, completam o raciocínio os dizeres de Dallegrave Neto: "a flexibilização é um primeiro passo da trajetória que visa à total desregulamentação do Direito do Trabalho. O fenômeno que já se inicia faz parte do receituário neoliberal que propugna pela diminuição do custo operacional e pela destruição dos direitos sociais. Somente nesta perspectiva interdisciplinar é que se pode compreendê-lo. (...) Não ignore que o Direito do Trabalho reproduz o sistema de produção capitalista e legitima o poder hierárquico do empregador sobre a atividade do empregado. Com outras palavras, o prestador de serviço, para usufruir dos direitos trabalhistas, tem que se assumir como empregado subordinado ao empregador. Esse é o grande paradoxo do Direito do Trabalho denunciado pelos teóricos de influência marxista. O surgimento do Direito do Trabalho se deu numa época de *rigidez* das relações entre trabalhador e empregador, que se apoiavam numa linha de produção em série. Hoje o Estado adota uma nova postura de produção, organização e acumulação *flexíveis*. Tais fatores culminam com a desregulamentação do Direito do Trabalho. A flexibilização importa, inevitavelmente, a precarização das relações de trabalho. Direitos outrora conquistados arduamente, são abruptamente exterminados. Tudo em nome da "modernização" e da competitividade". DALLEGRAVE NETO, José Affonso. Transformações das relações de trabalho à luz do neoliberalismo. In: *Transformações do direito do trabalho* — estudos em homenagem ao professor doutor João Régis Fassbender Teixeira. Curitiba: Juruá, 2002. p. 66/67.

(204) São diversos os apontamentos que destacam as alterações trazidas pelo CT em desfavor do trabalhador. Assim, pode-se argumentar que "... o novo código contém alteração estrutural das leis laborais em favor do empregador. Em muitos aspectos, acaba até por seguir uma direção oposta àquela que resultaria das exigências dos preceitos constitucionais: impondo estes, por um lado, a salvaguarda da dimensão coletiva da relação de trabalho, com o reconhecimento das funções de regulação social de ação sindical, da contratação coletiva e da greve, e, por outro, a limitação dos poderes patronais em defesa de valores que lhes são considerados superiores, porque concretizações do princípio da dignidade humana, o diploma procede a um aumento generalizado dos poderes do empregador e à correlativa acentuação da dependência jurídica do trabalhador, bem como a uma desvalorização daquela dimensão coletiva, o que não pode deixar de traduzir-se também na colocação do trabalhador, isolado, sem proteção face ao maior poder econômico e social do outro contraente". ABRANTES, José João. Autonomia da vontade e direito do trabalho — breves considerações em relação com as novas regras sobre mobilidade dos trabalhadores introduzidas pelo código do trabalho. In: *Estudos sobre o código do trabalho*. Coimbra: Coimbra, p. 125.

(205) LEITE. *Op. cit.*, p. 13.

vivência" — o mercado. A chamada flexibilidade ou plasticidade da mão de obra poderia então reduzir-se a uma mera função da eficiência econômica ou da deficiência empresarial.

Sucede, porém, que a mão de obra não é uma espécie de barro susceptível de ser moldado, em cada momento, às necessidades ou, menos ainda, às arbitrariedades empresariais. Aquilo que, com alguma frequência, se designa por mão de obra é uma pessoa física, o homem concreto — mais ou menos jovem, mais ou menos empenhado, mais ou menos fatigado ou mais ou menos vergado ao peso dos problemas do quotidiano — captado num momento particular da sua vida, pelo que a regulação da relação de trabalho não poderá deixar de ter em conta que o objeto desta é inseparável da pessoa.

Desta forma, apresenta-se não apenas uma ausência de resguardo da vontade emanada pelo trabalhador, como também uma diminuição de resguardo quanto àquelas leis já estipuladas. Ocorre, assim, um aumento da fragilidade inerente ao contraente débil, no caso, o trabalhador.

Além da inserção de normas protecionistas quanto ao momento de conclusão do contrato laboral, não se pode deixar à margem, e nem tão pouco reduzir, as leis que vigoram no atual ordenamento jurídico. Esse pensamento encontra respaldo nos dizeres de José João Abrantes[206]:

> A essência garantística daquela legislação continua a ter razão de ser e a função social que, nomeadamente à luz dos preceitos constitucionais, lhe deve ser assinalada aponta para o repúdio das teses que pretendem submeter esses direitos aos valores empresariais.

A feição protecionsta e as características próprias deste ramo do Direito continuam a justificar-se, porque os pressupostos de promoção da igualdade material e de proteção do contraente débil que estiveram em sua gênese ainda hoje se mantêm. A relação laboral continua a ser uma *relação de poder-sujeição*, em que a liberdade de uma das partes é susceptível de ser feita perigar pelo maior poder econômico e social da outra.

O principal e determinante motivo pelo qual o trabalhador está inserido na esfera frágil da relação contratual e que a sua liberdade encontra-se cerceada baseia-se na dependência econômica. Thais Poliana de Andrade[207] descreve detalhadamente o processo social ao qual o trabalhador está sujeito:

> (...) pode-se perceber facilmente a existência de um obstáculo à tese do trabalhador absolutamente livre para contratar. Como dito, o sujeito de direito, livre e igual, somente é assim reconhecido quando for proprietário, pois sem propriedade não pode haver liberdade já que então será a

---

(206) ABRANTES. *Op. cit.*, p. 124.
(207) ANDRADE. *Op. cit.*, p. 69.

necessidade que moveria a ação humana e não a vontade. Porém, apenas com o trabalho o trabalhador poderia adquirir bens. Assim, se o trabalho garante a propriedade e esta assegura a liberdade, o trabalho então deixa de ser uma opção e passa a ser considerado um dever.

Não se levando em consideração os empregados de alto padrão, a maior parte dos trabalhadores, e aqui se pode afirmar que tanto os brasileiros quanto os portugueses, trabalham e aceitam as condições de emprego impostas por seus empregadores, porque possuem a sua própria subsistência e a *economia familiar* dependendo sempre do salário que recebem pelo contrato de trabalho ao qual estão vinculados. Assim, mesmo que a dependência econômica não seja uma característica em si da relação laboral, enquanto trabalho subordinado passa a ser um *paradigma* assumido pela legislação trabalhista, já que existe um fator pessoal mais forte do que subordinação às ordens relacionadas com o modo de executar o labor[208].

O que se coloca primordialmente é que ao trabalhador atual não é dada a possibilidade de contratar ou não contratar, colocando-o, como já mencionado, numa posição de extrema fragilidade. Em um mundo capitalista, onde a força de trabalho acaba por ser moeda de troca para a sobrevivência do cidadão, não se pode imaginar que exista uma igualdade entre empregado e empregador quando da celebração do contrato de trabalho.

Nesse sentido, sábios são os ensinamentos de Avelãs Nunes[209] ao aduzir o sentido da falta de liberdade dos trabalhadores no momento da conclusão do contrato laboral:

> Em primeiro lugar, os trabalhadores não são livres para contratar (o que chama a atenção para a especificidade deste contrato, tão específico que, em regra, não é hoje celebrado entre o *indivíduo-trabalhador* e o *indivíduo-patrão*, mas entre o sindicato representativo dos trabalhadores e a associação representativa dos patrões), pela simples mas decisiva razão de que, sendo juridicamente livres de dispor contratualmente sua força de trabalho, os trabalhadores são também "livres de tudo — como sublinha Marx — completamente desprovidos das coisas necessárias à realização da sua potência de trabalho". E esta última circunstância transforma aquela *liberdade de contratar* em *necessidade de contratar*: Os trabalhadores são economicamente obrigados a trabalhar para sobreviver, ao contrário dos patrões, que podem viver sem trabalhar. Não estão, pois, em *posição de igualdade* os dois permutantes deste tipo de "trocas" (sem dúvida as mais importantes no seio das sociedades capitalistas, as que constituem a essência do modo de produção capitalista).

---
(208) MENDES. *Op. cit.*, p. 110/111.
(209) NUNES, Antonio José Avelãs. *Noção e objeto da economia política*. Coimbra: Almedina, 1996. p. 60.

Não se pode esquecer que não se trata apenas de um aspecto econômico, mas ainda e fundamentalmente está-se diante de um indivíduo e, muito mais por isso, o contrato de trabalho é o instrumento principal para a viabilização da dignidade da pessoa humana.

Thais Poliana de Andrade, ao citar Liana Carleial[210], explicita a importância da relação de trabalho que deve ir muito além do sentido meramente econômico:

> O trabalho humano pode ser analisado sob vários ângulos e, além de ser meio de sobrevivência ainda para a maioria da população sob o capital, pode ser visto do ângulo da realização pessoal, relacionamento social, equilíbrio psicológico etc. Mesmo considerando apenas o ângulo produtivo, fica, a meu ver, evidente a dificuldade de incorporação do real-concreto do mundo do trabalho. No diálogo entre as várias visões de mundo, o economista, ao reter o trabalho apenas como fator produtivo necessário para a produção de bens e serviços, comprado e vendido num mercado convencional (submetido a todas as hipóteses necessárias) parece ter pouco a contribuir.

Além disso, volta-se ao tema em questão, que é a falta de opção do trabalhador em contratar ou não contratar e é por esse motivo que se discute a sua manifestação de vontade no momento de conclusão do contrato.

Explicam a questão, de maneira irretocável, as palavras de Baracat[211]:

> É o caso do trabalhador no sistema capitalista. Não produz e não dispõe dos meios necessários para a subsistência própria e de sua família. Necessita, portanto, trabalhar para obtê-los. O trabalhador, assim, não tem opção, não lhe é dada a faculdade de optar entre trabalhar e não trabalhar, ou, na absoluta maioria das vezes, entre este ou aquele emprego. Quando da contratação, por outro lado, também não é dado ao trabalhador discutir o salário que, normalmente, é o salário mínimo ou piso salarial. A vontade não emana do trabalhador.

Ora, se não existe opção, então a vontade não é livre. Se não é livre, algum tipo de proteção diverso do que já existe jurisprudencial e normativamente deve surgir para amparar o trabalhador, que se vê preso a um modelo negocial que, ao fim e ao cabo, acaba por ser sua hipótese única de inserção social[212].

---

(210) CARLEIAL, Liana Maria da Frota *apud* ANDRADE, Thais Poliana de. *Op. cit.*, p. 104.
(211) BARACAT. *Op. cit.*, p. 114.
(212) Trata-se de um meio de inserção social, uma vez que ao trabalhador só resta a opção de trabalhar e, uma vez não o fazendo fica à margem da sociedade, visto como "vadio" e, muitas vezes, excluído do convívio de familiares e perambulando sem destino certo. Assim são os dizeres de Ernesto J. Vidal Gil: "... Vivimos un tiempo de transformaciones en el que simultáneamente se reivindican valores individualistas y valores de solidariedad social en el marco de una sociedad cada vez más compleja que tiende a substituir las categorias tradicionales de pobres y ricos por la de marginados o integrados". GIL, Ernesto J. Vidal. Los derechos de los colectivos vulnerables. In: *Cuadernos Constitucionales de la Cátedra Fadrique Furió Ceriol*, n. 11/12, Valencia: Departamento de Derecho Constitucional, p. 127, 1995.

8. Hipóteses de metodologia jurídica para o protecionismo

O problema que se coloca desde o início do presente trabalho é como proteger o consentimento do trabalhador para que essa manifestação de vontade, quando da celebração do contrato laboral, seja íntegra a ponto de poder-se afirmar que o trabalhador teve um amparo legal para que sua vontade fosse ouvida e respeitada.

Ocorre, todavia, que o modo pelo qual a sociedade é organizada e tendo em vista o protótipo de relação laboral encontrado hoje (o que obviamente não será alterado substancialmente nos próximos anos), não viabiliza nesse instante que, embora a igualdade entre as partes contraentes desse negócio jurídico seja utópica mesmo com as normas já em vigor, haja uma metodologia jurídica para que a vontade do trabalhador resulte íntegra.

O que se pretende apresentar aqui são hipóteses para que o trabalhador possa ter seu consentimento protegido. Não se tem o escopo de esgotar o tema, nem tão pouco dar como certas as assertivas que serão feitas a seguir. Entretanto, com a análise dessas propostas e uma efetiva conscientização da necessidade de proteção da vontade emanada pelo trabalhador, aliada a um profundo empenho doutrinário e jurisprudencial, quem sabe, se conseguirá atingir esse grande objetivo.

Necessário ressaltar que o fundamento de todo esse raciocínio está no fato de que, como bem salienta José João Abrantes[213]:

> No contrato de trabalho, os sujeitos não dispõem de igual liberdade quanto à celebração do negócio, nem detêm iguais possibilidades quanto à estipulação das cláusulas negociais ou quanto à exigência do seu cumprimento. O trabalhador tem desde logo uma absoluta necessidade de outorgar, uma vez que para ele é indispensável alienar a disponibilidade da sua força de trabalho como meio (por vezes único) de auferir o seu sustento e o de sua família.

É precisamente o reconhecimento da inferioridade substancial da situação dos trabalhadores face aos poderes patronais que está na base não só do ordenamento legislativo atual como ainda da relevância dada pela Constituição aos seus direitos.

Porém, a desigualdade de fato entre patrões e operários e a diferente natureza das razões que os levam a contratar fazem o contrato "perder o aspecto contratual", transmudando-se a liberdade contratual do trabalhador na sujeição à "ditadura contratual" do empregador.

Completam a ideia de que o trabalhador ainda necessita de uma maior proteção, seja no sentido de reduzir a flexibilização das normas laborais, seja para

---

(213) ABRANTES. *Op. cit.*, p. 124/125.

garantir que a sua vontade seja plena e livre de qualquer defeito jurídico, novamente os ensinamentos de Baracat[214]:

> Esta é exatamente a ideia que deve nortear a formação do contrato de trabalho: o resultado material, ou seja, o que se opera no mundo dos fatos. E o mundo dos fatos tem inequivocamente duas realidades incontestáveis: o trabalhador necessita do emprego para, preponderantemente, obter os meios necessários à sua subsistência, e o empregador precisa do trabalho do empregado para atingir a sua finalidade social. Ou seja, são dois atos de existência: o empregado necessita para existir dignamente auferir os meios necessários para seu sustento e de sua família, dispondo para tanto unicamente seu trabalho. O empregador, por sua vez, necessita do trabalho do empregado a fim de alcançar o seu objetivo social (atividade econômica), e, consequentemente, conservar a sua existência.

E, quando cita Clóvis do Couto e Silva[215] conclui, sem retoques que:

> A vontade individual (...), "em virtude da objetivação decorrente da incidência daqueles fatores sociais, vai passando para o segundo plano"; são atos absolutamente necessários à vida humana. Assim, ainda conforme a lição de Clóvis do Couto e Silva, "relativiza-se e objetiva-se a vontade, de modo a converter o que seria, *in thesi*, negócio jurídico, em verdadeiro ato-fato. Os atos de tipo existencial referem-se às necessidades básicas do indivíduo, tais como alimentação, vestuário, água etc.".

Por esses motivos já expostos é que se passa agora a indagar quais as possibilidades que já existem no campo prático de aplicação das normas laborais e civis em vigor e como adequá-las para amparar o trabalhador quando emana a sua vontade no momento da concretização do contrato de trabalho.

Para isso, puxa-se o "gancho" aberto quando se tratou da aplicação dos defeitos do negócio jurídico no Direito do Trabalho, analisam-se os vícios do consentimento e também a possibilidade de enquadrá-los (ou não) como ocorrência no momento da conclusão do negócio jurídico em sede trabalhista.

8.1. Existência ou não de soluções práticas no direito vigente

8.1.1. A resposta por meio dos vícios da vontade

Explicou-se anteriormente como funcionaria o emprego dos vícios do consentimento no Direito Laboral, mas nesse momento visa-se aplicar tais defeitos efetivamente ao consentimento do trabalhador.

---
(214) BARACAT. *Op. cit.*, p. 115.
(215) SILVA, Clóvis do Couto e *apud* BARACAT, Eduardo Milléo. *Op. cit.*, p. 115.

A aplicação da coação, como se pretende que seja enquadrada, não ampara o consentimento do trabalhador nos moldes hoje em vigor. Acredita-se, no entanto, que exista uma coação social e não uma coação por parte do empregador, o que seria necessário para que a vontade do trabalhador fosse tipificada como coagida.

Ora, não se pode descartar a ideia de que existe uma coação social quando não se dá opção de contratar ou não contratar. O trabalhador, conforme já exaustivamente exemplificado nesse estudo, não se encontra em condições de aceitar ou rejeitar qualquer emprego que lhe é ofertado.

Isso porque o desemprego que assola o País (sem mencionar a atual crise econômica mundial, que, fatalmente, só aumentará os índices desse desemprego) somado à dura realidade de que é o trabalho o único meio pelo qual o trabalhador encontra a possibilidade de sustentar a si e a sua família, deixa-o sem alternativa para escolher entre este ou aquele emprego, bem como não possibilita que haja uma negociação prévia quanto às condições e cláusulas contratuais.

É assim que se poderia enquadrar a coação como vício do consentimento quando da celebração do contrato de trabalho visando que o consentimento do trabalhador permaneça íntegro em toda a sua essência, já que uma vez visto como coagido socialmente, a doutrina teria que encontrar mecanismos de aplicação desse defeito, como fez em todas as situações já existentes no Diploma civilista.

Já o enquadramento do erro acaba por ser complexo e talvez não aplicável nos parâmetros que se quer atingir neste trabalho. Lembre-se que o erro é "a falsa noção da realidade"[216], de tal modo que pode levar o contraente a declarar a sua vontade de maneira diferente daquela que na realidade declararia se tivesse a exata noção da realidade.

No caso em questão o trabalhador não tem a ilusão de que a execução do seu contrato de trabalho se dará de modo diverso daquele acordado. Mas sim, se submete às imposições do empregador simplesmente por não lhe restar outra alternativa. É claro que se lhe fosse concedida a chance de argumentar e ver suas opiniões aceitas, talvez alterasse substancialmente as suas condições laborais, não permitindo os atos abusivos que são cometidos, via de regra, pelos empregadores no momento de elaborar as cláusulas contratuais.

A análise do dolo passa pelo seu conceito, que se resume ao emprego de artifícios com o intuito de induzir o indivíduo a praticar determinado ato que venha a lhe prejudicar enquanto o autor do dolo, ou um terceiro, é beneficiado por aquela situação.

Difícil conseguir amparo para o consentimento do trabalhador pelo dolo, isso porque, na maior parte das vezes, apesar de o empregador, quase sempre, ser o maior beneficiário da relação contratual (já que com ele acaba por atribuir um

---

(216) DALLEGRAVE NETO. *Op. cit.*, p. 50.

baixo salário para uma contraprestação maior, física, intelectual, ou ambas) dificilmente pode-se dizer que haja dolo por parte do empregador. Excetuando, é óbvio, os casos que envolvem o dolo puro e típico conforme a letra da lei, o que não acontece na representação que aqui se faz.

Assim, não é a aplicação do dolo que trará ao trabalhador a garantia de que a vontade que emana quando da conclusão do contrato de trabalho se resguardará íntegra e respeitada.

Os vícios da vontade, tratados como "não propriamente ditos", que, ao fim e ao cabo, restam como os vícios aplicáveis à ausência de vontade, mereceriam relevo ao se considerar a teoria, já mencionada, do doutrinador Eduardo Milléo Baracat, que parte da premissa de que no instante em que o contrato de trabalho é celebrado não existe efetivamente vontade por parte do trabalhador, já que esse não pode optar pelo aceite ou não daquela oferta de emprego.

Entretanto, os defeitos do consentimento quanto à ausência de vontade tipificados pelo CC não são suficientes para enquadrar o modo como é exarado o consentimento pelo trabalhador na conclusão do contrato de trabalho.

Já a figura da simulação parece ter um grande apelo no auxílio da questão proposta. Sabe-se que é a simulação o conluio entre as partes contraentes que emitem declaração não correspondente à sua vontade real e o fazem com o intuito de enganar terceiros. Ao olhar a simulação desse modo, resta claro que é pouca a possibilidade de classificar a vontade do trabalhador no momento da celebração do contrato laboral como simulada.

Justifica-se, talvez, a impossibilidade porque, mesmo que seja admitida a simulação entre trabalhador e empregador[217][218], fica duvidosa a intenção de enganar terceiros, como bem explica Furtado Martins[219]:

---

(217) Na doutrina brasileira dois exemplos clássicos são apresentados como pactos simulatórios entre trabalhador e empregador: "1. Rescisões contratuais simuladas onde as partes, em conluio, constam dispensa sem justa causa para que o empregado saque as verbas do FGTS, quando na verdade a rescisão foi de iniciativa do próprio empregado. Lesa-se, aqui, o FGTS, Lei n. 8.036/1990, que não contempla o levantamento dos depósitos fundiários no caso de demissão por iniciativa do empregado; 2. Simulação de um contrato de estágio para os primeiros meses de relação de emprego, propiciando ao empregado a vantagem do percebimento das cotas do seguro-desemprego do contrato anterior e, ao empregador, a sonegação previdenciária. O prejuízo aqui é do fisco que deixa de arrecadar as parcelas devidas, além da lesão à Lei do Seguro-Desemprego Lei n. 8.900/1994 que veda o pagamento ao empregado que obtenha novo emprego". DALLEGRAVE NETO, José Affonso. *Op. cit.*, p. 51. Apenas a título de esclarecimento, ressalta-se que o regime jurídico brasileiro de dispensa do trabalhador diverge significativamente do português. No Brasil, existe a possibilidade de demitir o empregado a qualquer tempo, sem justificativa. Em caso de dispensa "sem justa causa" passa o trabalhador a ter o direito de levantar o valor depositado por seu empregador a título de FGTS — Fundo de Garantia do Tempo de Serviço, o que não ocorre caso seja o trabalhador que tenha solicitado o seu desligamento da empresa.

(218) Nos exemplos mencionados como clássicos na doutrina brasileira para configurar a simulação nos contratos de trabalho verifica-se a existência de nítida fraude à lei, já que o escopo maior é a não aplicação de normas legais atinentes ao caso. Assim, a simulação que visa à não observância da lei tem o caráter de fraude à lei. Todavia, esse estudo não se aterá à figura da fraude à lei, uma vez que não se trata de um assunto fundamentalmente pertinente à integridade do consentimento do trabalhador.

(219) MARTINS, Pedro Furtado *apud* VICENTE, Joana Isabel Sousa Nunes. *Op. cit.*, p. 64.

Ainda que se admita que o *pactum simulationes* possa existir entre o empregador e o trabalhador (porque este último acaba por aceitar a simulação, preferindo ter um "falso" contrato de prestação de serviço a não ter contrato nenhum), já se afigura menos claro que o intuito das partes seja o de enganar terceiros[220], como o exige, para a simulação, o art. 240, n. 1, do CC.

O argumento para empregar a simulação como um vício da vontade no momento da celebração do contrato de trabalho encontra respaldo no fato de que, ao fim e ao cabo, é o trabalhador o maior prejudicado quando se sujeita a um negócio jurídico que tem o interesse de burlar a aplicação de leis trabalhistas que possuem o escopo de lhe proteger. É claro que o empregado não é visto aqui como o enganado da relação, já que aceita com consciência as cláusulas contratuais que lhe são impostas pelo empregador, todavia, acaba por ser ele o maior prejudicado[221].

Encontra-se ainda presente e necessário de superação o requisito "intuito de enganar terceiros" para que a simulação possa, quem sabe, suprir a lacuna legal que existe quanto à proteção do consentimento do trabalhador. Explicam então a hipótese de sobrepujar tal requisito legal os dizeres de Joana Isabel Sousa Vicente[222] que vale à pena serem transcritos:

> Desde uma perspectiva estritamente legal, o intuito de enganar terceiros surge como elemento essencial à configuração da simulação. Parece-nos, contudo, não dever ser de refutar a possibilidade de a simulação poder prescindir desse elemento. De facto, esta é uma possibilidade já sustentada em sede de teoria geral do direito civil quando considerada a noção civilista de simulação. Para tal, revelar-se-á útil atentar numa variante da simulação fraudulenta que é usual invocar-se e que não pressupõe necessariamente que o ato tenha sido dirigido contra um terceiro. Corresponde aos ensinamentos da doutrina nacional preponderante distinguir a propósito da simulação, a *simulação inocente* e a *simulação fraudulenta*, consoante a simulação tenha sido feita apenas com o intuito de enganar terceiros, ou com o intuito de os prejudicar ilicitamente. Dentro desta última, incluem-se as situações em que a simulação visa contornar qualquer disposição legal.

Pois bem. Nessas hipóteses, se a disposição legal que se quer contornar for ditada no interesse de um terceiro, é o terceiro, portador do interesse tutelado pela disposição legal, que está a ser prejudicado. Mas, não será de todo absurdo encarar

---

(220) Indaga a autora, se o terceiro a ser enganado no caso de uma simulação de um contrato de trabalho poderia vir a ser a Administração Fiscal, a Segurança Social etc. Para ela "a configuração destas entidades como terceiros enganados merece algumas reservas, por mais fluidas e indeterminadas que sejam as qualidades de sujeitos-terceiros admitidas para efeitos da simulação". VICENTE. *Op. cit.*, p. 65.
(221) *Idem*.
(222) *Idem*.

a possibilidade de a disposição legal contornada ser ditada no interesse de um dos próprios simuladores, sendo feita portanto a simulação, num certo sentido, em prejuízo do simulador.

Fica claro então que, quando se cogita a possibilidade de utilizar a figura simulatória para viabilizar que a vontade do trabalhador no momento da conclusão do contrato de trabalho seja a mais íntegra possível, está-se dizendo que o objetivo de ludibriar terceiros pode ser afastado quando o interesse do negócio simulado seja prejudicar uma das partes contratantes, que, no caso em tela, é o próprio trabalhador.

Tal fato apenas revigora o pensamento já antes aduzido no sentido de que o estado de fragilidade e hipossuficiência em que se encontra o trabalhador nos dias atuais, tendo em vista o desemprego crescente aliado a uma cada vez maior modernização dos postos de trabalho, faz com que ele se submeta a regras não favoráveis e situações mais graves, acabando por concordar com a imposição de cláusulas abusivas e contratos simulados, mesmo que esses levem ao afastamento de regramentos jurídicos existentes apenas para protegê-lo.

Justificam esse pensamento novamente os ensinamentos da autora Joana Isabel Sousa Nunes Vicente[223]:

> Observe-se que a simulação civilística, pese embora seja um instituto que dá relevo à regularidade do processo de formação e manifestação das declarações negociais, fá-lo num quadro de pensamento em que os sujeitos são nivelados sob a veste formal de partes contratantes livres e iguais, desligados das circunstâncias empíricas em que atuam e são tidos como os melhores defensores dos seus próprios interesses. Nessa perspectiva, se compreende bastante improvável (e, quiçá, mesmo remota) a ideia de a simulação poder constituir um expediente prejudicial a um dos próprios atores da manobra negocial: havendo um acordo entre as partes, nenhuma quereria, à partida, conscientemente para si consequências desfavoráveis que não considerasse, por qualquer razão, como justificadas.

É justamente por essa razão que existe a matéria dos vícios da vontade, tendo em vista que, via de regra, o declarante de uma vontade negocial não tem interesse qualquer em ser prejudicado, bem como, baseando-se no princípio da boa-fé, lesar um terceiro.

Quando o contraente emana a sua vontade, parte-se sempre do princípio de que o faz livre e conscientemente, sem querer lesionar ou ser lesado. As figuras tipificadas no Diploma civilista como vícios da vontade protegem exatamente o contraente que não dispunha de todas as ferramentas para entender o que estava

---

(223) *Ibidem*, p. 66/67.

acordando, seja por uma hipótese de ausência de vontade, seja por uma hipótese de ter a realidade sido adulterada por algum elemento externo.

Ora, se já há no mundo jurídico normas legais que visam justamente ao protecionismo da vontade dos contraentes, porque então não amparar o consentimento daquele contratante que acaba por se ver obrigado a contratar e, muitas vezes, a aceitar uma falsa contratação que, a bem da verdade, trará maiores prejuízos para si mesmo?

Embasam este questionamento, mais uma vez, as palavras de Joana Isabel Sousa Nunes Vicente[224]:

> O plano de vulnerabilidade em que o trabalhador se encontra, quando celebra um contrato de trabalho, pode, pois, facilmente induzi-lo a assinar um contrato com cláusulas que lhe são claramente desfavoráveis, por se ver constrangido a fazê-lo, em face da posição de imodificabilidade do clausulado contratual denotada pelo empregador e da simultânea premência de assegurar a constituição do vínculo laboral.

É com esse raciocínio que resta configurada a ideia principal do presente estudo. Afirmou-se anteriormente que o trabalhador não tem opção de contratar ou não contratar, que é nítida a sua posição de fragilidade perante o empregador e que o contrato de trabalho é seu único meio de sustento próprio e muitas vezes familiar.

Mesmo concordando com um contrato que lhe é prejudicial, o trabalhador não encontra outra opção se não aceitar aquele vínculo de emprego, caso contrário, sua única alternativa é o desemprego, o que confirma a tese já aqui inserida de que é o contrato de trabalho um meio de inserção social, no qual o trabalhador está vinculado de forma absoluta e irremediavelmente sem opção.

Não se pode imaginar o homem médio, honesto e trabalhador que prefira o desemprego a ter um trabalho que lhe dê meios de sobrevivência. Além disso, o não trabalhador, aquele que opta pelo desemprego, é visto socialmente como um "vadio", um indivíduo não merecedor de respeito e, via de regra, acaba por ser um fardo social e familiar, tendo em vista que não se enquadra nos padrões impostos.

É nesse sentido que se alude à possibilidade de aplicação da figura da simulação quando da celebração do contrato de trabalho. Ora, para o empregador, via de regra, é clara a noção de que aquele contrato de trabalho pode vir a prejudicar o empregado, entretanto ele o faz e utiliza de sua superioridade econômica e técnica para tanto. Cabe ao trabalhador apenas aceitar, mesmo que, muitas vezes, saiba que está sendo prejudicado.

Não se pode esquecer que a incorporação do Direito Civil ao Direito Laboral é sempre tarefa complexa e que pode haver embaraços na transferência de

---

(224) *Ibidem*, p. 67.

regramentos facilmente aplicáveis na esfera civilista que, quando empregadas ao Direito Laboral não tão simples se fazem.

Bernardino Herrero Nieto[225], apesar de concordar com a exclusão do elemento enganar terceiro, admite a possibilidade de que no Direito do Trabalho os fatos importam mais que os *conceitos,* o que deve ser levado em conta sempre que se incorpora a matéria civil ao ramo trabalhista. Afirma então que:

> El trabajador, por su posición econômica, por su ignorancia en matérias juridicas y extra-juridicas, constituye un elemento fácilmente maleable para poder concertar lás más variadas combinaciones o pactos jurídicos aunque a la postre vayan en contra de sus próprios interesses.

Excluir um elemento tipificado em lei de uma figura consagrada doutrinária e jurisprudencialmente não é fácil de obter aceitação. Entretanto, esclarece, mais uma vez, a consideração feita por Joana Isabel Sousa Nunes Vicente[226]:

> A ser assim, os fenômenos simulatórios em prejuízo do próprio trabalhador — revistam eles as modalidades que revestirem — serão, por isso, tidos como normais atenta a especificidade e natureza da relação em causa. Sendo que o grau de prejuízo pode ir ao ponto de o trabalhador renunciar, em bloco, à proteção conferida pelas normas laborais através de um contrato de prestação de serviço simulado. A identidade própria desta realidade aconselharia, pois, a adaptação da figura da simulação àquelas hipóteses, mormente, relegando para segundo plano o requisito do intuito de enganar terceiros.

Independentemente da normatização da simulação ao caso ou da admissão da exclusão do elemento "enganador" de terceiro, necessário se faz que exista uma proteção para o consentimento exarado pelo trabalhador quando se sujeita às imposições feitas pelo empregador.

Algumas outras hipóteses, além dos vícios da vontade aqui aludidos, devem ser analisadas com o escopo de atingir o objetivo proposto. Para isso, estudar-se-á a seguir algumas outras alternativas que passam à margem dos defeitos do negócio jurídico, mas que nem por isso são menos importantes e devem deixar de ser analisadas.

8.1.2. Outros enquadramentos jurídicos

Existem nos ordenamentos jurídicos português e brasileiro algumas situações que, apesar de não serem enquadradas efetivamente como vícios da vontade, estão

---

(225) NIETO, Bernardino Herrero *apud* VICENTE, Joana Isabel Sousa Nunes. *Op. cit.*, p. 67.
(226) VICENTE. *Op. cit.*, p. 68.

relacionadas no mesmo capítulo[227]. São hipóteses que serão aqui analisadas com o objetivo único de encontrar ainda algumas outras soluções para o problema proposto no presente trabalho.

Não se pretende aqui esgotar a discussão e nem acreditar que apenas essas alternativas referidas podem resolver a questão, mas não se teria alcançado o escopo deste estudo, caso todas as possibilidades encontradas não fossem, ao menos, citadas[228].

Analisar-se-á então, mesmo que de maneira objetiva e sucinta, o art. 339 do CC, que trata do estado de necessidade, que corresponde ao art. 156 do CC brasileiro (denominado estado de perigo); o art. 282 do mesmo Diploma legal português, que fala dos negócios usurários e, por fim, o art. 157 do CC brasileiro, quando faz referência à lesão.

O art. 339 do CC define o estado de necessidade da seguinte maneira: "é lícita a ação daquele que destruir ou danificar coisa alheia com o fim de remover o perigo atual de um dano manifestamente superior, quer do agente, quer de terceiro". Já o art. 156 do Código Civil brasileiro define o estado de perigo "quando alguém, premido da necessidade de salvar-se, ou a pessoa de sua família, de grave dano conhecido pela outra parte, assume obrigação excessivamente onerosa".

É então o estado de necessidade o receio ou temor que cria uma situação gerada por um perigo grave, de tal modo que leva o *necessitado* a celebrar um

---

(227) Não se discutirão aqui as divergências doutrinárias acerca do enquadramento do estado de necessidade, negócios usurários e lesão como vícios da vontade ou não, tendo em vista não ser esse o objetivo do presente estudo. O que se fará a partir de agora é definir o que se entende por cada uma dessas figuras e a possibilidade de encaixá-las no momento da celebração contratual para proteger o consentimento do trabalhador.

(228) Poderia ser questionada a possibilidade de recorrer-se ao temor reverencial para caracterizar a sujeição do trabalhador às normas impostas pelo empregador quando celebra um contrato de trabalho. Entretanto, não haverá aprofundamento maior sobre o assunto, porque no momento em que há a manifestação de vontade do empregado, ele não se encontra ainda, teoricamente, na dependência do empregador. Além disso, constata-se que o temor reverencial no Direito Laboral é amplamente aplicado nos aceites provenientes do trabalhador durante a execução do contrato de trabalho e não no momento de sua formação. Apenas para elucidar a questão, traz-se à baila alguns dizeres de um Acórdão do Supremo Tribunal Administrativo:
"O temor reverencial, enquanto sentimento psicológico, é o receio de se desagradar a outra pessoa de quem se é dependente. Tal sentimento não exclui a vontade do agente, como acontece na coação moral, mas interfere e condiciona o seu processo de formação, levando-o a adoptar uma conduta conforme à vontade e interesses da pessoa a quem não se quer desagradar. (...) O temor, na medida em que seja possível imputar a conduta protagonizada pelo agente ao referido circunstancialismo externo receio de desagradar a pessoa de quem se é dependente, é susceptível de conduzir a uma diminuição do grau de culpa e, portanto, de emergir como circunstância atenuante geral da responsabilidade disciplinar, à sombra do disposto no art. 28 do ED. O universo do trabalho por conta de outrem, em razão da subordinação jurídica e da dependência econômica do trabalhador face à entidade empregadora, é um palco privilegiado de situações de temor reverencial". Acórdão do Supremo Tribunal Administrativo. Acórdão de 7 de fevereiro de 2002. Relator A. Macedo de Almeida. Número Convencional JSTA00057205. Disponível em: <http://www.dgsi.pt/jsta.nsf/35fbbbf22e1bb1e680256f8e003ea931/e77736a206b1dfa580256b65003b12aa?OpenDocument&ExpandSection=1> Acesso em: 12.10.2008.

negócio jurídico com o intuito de transpor o perigo iminente[229]. Por óbvio que não se exclui o pensamento majoritário de que o atual *Codex Civile*, da maneira como redigido o preceito do art. 339, exclui de antemão a aplicação do estado de necessidade aos negócios jurídicos. Isso porque, como bem salienta Inocêncio Galvão Telles[230] "(...) o *estado de necessidade* consubstancia-se sempre na *destruição ou danificação de uma coisa* (resultado material) e nunca na *realização de um acto jurídico* (resultado imaterial)".

Entretanto, não se pode deixar de mencionar que a redação utilizada pelo legislador brasileiro diverge com relação à aplicação material do então chamado estado de perigo, tendo em vista que não fala em dano ou danificação, mas sim em assumir uma obrigação excessivamente onerosa.

Fica claro que o que o Código Civil trata como estado de perigo é definido pelo legislador português como usura, quando trata dos negócios usurários. Em linhas gerais, ao fim e ao cabo, acabam por dimensionar a mesma situação. Com a diferença primordial de que o Diploma português vai mais longe e é mais completo, principalmente para a aplicação que aqui se quer dar.

São assim definidos os negócios usurários, de acordo com o art. 282 do CC:

> É anulável, por usura, o negócio jurídico, quando alguém, explorando a situação de necessidade, inexperiência, ligeireza, dependência, estado mental ou fraqueza de carácter de outrem, obtiver deste, para si ou para terceiro, a promessa ou a concessão de benefícios excessivos ou injustificados.

Esse entendimento faz-se presente também nos ensinamentos de Carlos Alberto da Mota Pinto[231]:

> No Código Civil vigente, a hipótese dos negócios jurídicos em estado de necessidade deve subsumir-se na previsão do art. 282, onde se estatui a anulabilidade dos chamados negócios usurários. É nos termos de tal disposição, já o sabemos, que o legislador concede, sob a designação de "usura", alguma relevância ao velho instituto da *lesão,* não sancionando um critério puramente objetivo, mas exigindo, em conformidade com a fisionomia moderna do instituto, (...) a verificação de requisitos objetivos (*benefícios excessivos ou injustificados*) e requisitos subjetivos (*exploração de uma situação de necessidade, inexperiência, ligeireza, dependência, estado mental* ou *fraqueza de caráter de outrem*). Entre esses requisitos subjetivos figura, pois, ao lado de outras situações, o estado de necessidade.

---

(229) PINTO. *Op. cit.*, p. 534.
(230) TELLES. *Op. cit.*, p. 123.
(231) PINTO. *Op. cit.*, p. 536.

Em consonância com tudo quanto já exposto, pode-se dizer praticamente uníssono o raciocínio de que a vontade emanada pelo trabalhador quando da celebração do contrato é feita nitidamente em circunstâncias, ao menos parecidas, com as descritas pelo autor.

Leva-se em consideração para fazer tal assertiva todos os fatos já narrados quando se tratou da fragilidade do trabalhador. Ora, ser o contrato de trabalho o único meio pelo qual o trabalhador pode obter, de maneira lícita, a sua subsistência e a da sua família caracteriza por si só o estado de necessidade em que se encontra quando aceita as regras no momento da concretização do negócio jurídico laboral.

Não bastando, revisem-se todos os argumentos utilizados até aqui, ressaltando o fato da posição economicamente inferior em que o trabalhador se encontra. Os requisitos objetivos e subjetivos mencionados por Mota Pinto são claramente preenchidos: os benéficos aos quais passa a ter direito o empregador são proporcionalmente desiguais àqueles obtidos pelo trabalhador, já que cabe ao empregador definir o valor a ser recebido pelo empregado e, em contrapartida, poder fazer com que trabalhe mais horas do que realmente valeria o seu salário.

Não se esqueceu da existência de regramentos que possuem justamente o escopo de impedir a exploração laboral, todavia, resta sabido por todos que, em geral, nem essas e, muitas vezes, nem as outras normas legais são respeitadas pelos empregadores na hora de estipular a jornada de trabalho de seus funcionários, por exemplo.

Corroboram essas afirmativas as palavras do já tão citado autor Eduardo Milléo Baracat[232]:

> A pessoa que declara aceitar o trabalho na jornada e salários indicados pratica, na realidade, ato em inequívoco estado de necessidade ou perigo que é a situação de receio ou temor que leva o necessitado a praticar um ato que em outras circunstâncias não o faria.

Com relação à lesão, o Código Civil brasileiro define em seu art. 157 que: "ocorre a lesão quando uma pessoa, sob premente necessidade, ou por inexperiência, se obriga a prestação manifestamente desproporcional ao valor da prestação oposta".

O ordenamento jurídico português não mais traz em seu CC a previsão da lesão, que, antes chamado de lesão enorme, acabou por ser também subsumido pelo art. 282, quando especifica a possibilidade de ocorrência da usura. Nesse sentido, explicam de forma excepcional os dizeres de Inocêncio Galvão Telles[233]:

> O Código Civil de 1966 afastou-se da orientação tradicional, substituindo a anulabilidade fundada, *subjetivamente*, em *vício da vontade*, decorrente

---
(232) BARACAT. *Op. cit.*, p. 114.
(233) TELLES. *Op. cit.*, p. 125.

de *erro* (ou dolo), por anulabilidade fundada, *objetivamente,* na *obtenção de benefícios excessivos ou injustificados,* alcançados mediante a exploração, por um dos contraentes, da situação de necessidade, inexperiência, ligeireza, dependência, estado mental ou fraqueza de caráter do outro contraente. Os atos jurídicos praticados nestas condições dizem-se *negócios usurários*.

Então, mesmo que incorporada pelo Direito português, faz-se menção a essa figura que pode ser enquadrada pelo ordenamento jurídico brasileiro. Isso porque, resta mais do que claro que a prestação à qual se obriga o trabalhador no momento que celebra o contrato de trabalho é nitidamente desproporcional ao *quantum* vai receber pelo seu esforço ali prestado.

Para respaldar esse pensamento, busca-se razão novamente nos ensinamentos de Baracat[234]:

> Haveria na situação do trabalhador que aceita celebrar um contrato de trabalho com as condições já expostas incontestável lesão, já que "sob premente necessidade", "se obriga a prestação manifestadamente desproporcional ao valor da prestação oposta", conforme dispõe o art. 157 do Novo Código Civil. Não pode pairar dúvida de que qualquer trabalho, considerado como expressão física e mental do trabalhador, atributo de sua personalidade, é manifestadamente desproporcional ao valor da prestação salarial equivalente a um salário-mínimo vigente no Brasil, pelo simples fato de que não suficiente para a sua subsistência digna, muito menos de sua família.

Mesmo que seja levado em consideração que os argumentos trazidos pelo autor tratam da realidade brasileira, acredita-se que o caso português não diverge muito desses fatos. Assim, resta à doutrina dominante debruçar-se sobre o tema e analisar as questões aqui propostas que, como já dito anteriormente, não tem a intenção de esgotar o assunto e, nem tão pouco, dar como certa qualquer uma das alternativas expostas.

O objetivo é, tão somente, tentar elucidar uma questão ainda não aprofundada e que levanta diversos problemas para uma classe hipossuficiente majoritária, porém, não dominante.

Finaliza a questão, sem adentrar nos meandros do assunto, a ressalva de que, qualquer que seja o rumo que tenha a proteção do consentimento do trabalhador para mantê-lo íntegro, em hipótese alguma poderá levar-se o contrato de trabalho já celebrado à situação de inexistência ou invalidade aplicada aos casos de vícios da vontade em matéria civil.

---

(234) BARACAT. *Op. cit.*, p. 114.

Terão então lugar os regramentos constantes no CT, arts. 114 a 118, que tratam da invalidade do contrato de trabalho. Será necessário adaptar as figuras civilistas à realidade laboral e aplicar com cautela a nulidade e anulabilidade dos negócios laborais. Tal fato se torna extremamente necessário à medida que não se pode, ao tentar eliminar um dano, causar outro.

Ao resolver o problema da vontade do trabalhador, não poderá o ordenamento jurídico colocar aquele contrato de trabalho já concretizado como simplesmente inválido, fazendo com que o trabalhador fique, mais uma vez, à margem da situação social dominante, estando desempregado ou perdendo o direito às verbas trabalhistas a que tem direito.

Conforme entendimento unânime, é o Diploma civilista fonte de direito subsidiário em sede trabalhista e, por isso, não se pode deixar de mencionar que os seus arts. 285 a 293 também poderiam ser aplicados à matéria em pauta.

No entanto, foi preciso que o Direito do Trabalhoo construísse uma teoria própria com relação aos efeitos dos defeitos do negócio jurídico no contrato de trabalho e estabelecesse uma maneira adequada de aplicar o problema das nulidades em sede trabalhista, como bem explica Mauricio Godinho Delgado[235]:

> (...) No Direito Civil, prevalece a conduta normativa geral indicadora de que, verificada a nulidade, o ato (ou seu comportamento viciado) deve ser suprimido do mundo sociojurídico, reposicionando-se as partes à situação fático-jurídica anterior. Segundo a diretriz civilista, aquilo que for tido como absolutamente nulo nenhum efeito jurídico poderá ensejar, eliminando-se, em consequência, até mesmo as repercussões faticamente já verificadas (...). Vigora, pois, no tronco jurídico geral do Direito Comum a regra da retroação da decretação da nulidade, o critério do efeito *ex tunc* da decretação judicial da nulidade percebida.

Como claro exemplo disso, tem-se o art. 289 do *Codex* que prevê que "tanto a declaração de nulidade como a anulação do negócio têm efeito retroativo, devendo ser restituído tudo o que tiver sido prestado ou, se a restituição em espécie não for possível, o valor correspondente".

Ora, não se imagina a possibilidade de este dispositivo ser empregado no Direito do Trabalho. Não se pode esquecer que em sede laboral prevalece o princípio da primazia da realidade, onde o que impera é o mundo dos fatos, o que acontece no mundo real com cada trabalhador.

Consagra-se na doutrina laboral a irretroatividade da nulidade decretada, conforme, novamente, explica Godinho Delgado[236]:

---

(235) DELGADO. *Op. cit.*, p. 495.
(236) *Ibidem*, p. 495/496.

O Direito do Trabalho é distinto, nesse aspecto. Aqui vigora, em contrapartida, como regra geral, o critério da *irretroação da nulidade decretada*, a regra do efeito *ex nunc* da decretação judicial da nulidade percebida. Verificada a nulidade comprometedora do conjunto do contrato, este, apenas a partir de então, é que deverá ser suprimido do mundo sociojurídico; respeita-se, portanto, a situação fática-jurídica já vivenciada. Segundo a diretriz trabalhista, o contrato tido como nulo ensejará todos os efeitos jurídicos até o instante de decretação da nulidade (...).

Quando se está a tratar de contratos de trabalho, a regra é a de utilizar tão somente os artigos do CT, já que não se admite a retroatividade do contrato de trabalho.

A explicação desse argumento encontra respaldo nas palavras trazida por Pedro Romano Martinez[237]:

> No domínio do contrato de trabalho inválido tem-se admitido a figura da relação contratual de fato, de molde a proteger as situações jurídicas constituídas ao seu abrigo. Seria inconveniente que se destruíssem, retroativamente, todos os efeitos emergentes de uma relação laboral, que se executou durante determinado período.

---

(237) MARTINEZ. *Op. cit.*, p. 472.

Capítulo III

Consequências Práticas

1. Contrato de Trabalho por Adesão e Cláusulas Contratuais Gerais

Não é de hoje que se assiste a uma crescente e massificante dominação das grandes empresas monopolizadoras economicamente. Nesse sentido, acabam por fazer valer a sua força e impor, aos trabalhadores e consumidores, regras que tendem (ou tendiam) a ser abusivas, principalmente quando a outra parte contraente é sempre mais frágil.

Inocêncio Galvão Telles[238], bem explica a questão:

> Tornou-se prática corrente um dos pactuantes, o mais forte naquele sector em que o contrato se inseria, estabelecer, *genérica e antecipadamente*, o respectivo conteúdo. Formulava-se e oferecia-se ao público um *modelo contratual*, e quem quisesse contratar tinha, de *facto*, de aceitar esse modelo sem discutir, dando-lhe inteiramente o seu *placet*; ou aceitava *em bloco* as cláusulas ou não contratava; ou sim ou não.

No âmbito do Direito Laboral, o art. 95 do CT admite a possibilidade de o empregador apresentar ao empregado regulamentos de empresa, e caberá a este aderir às cláusulas preestabelecidas por esse instrumento. Assim define o CT:

> 1 — A vontade contratual pode manifestar-se, por parte do empregador, através dos regulamentos internos de empresa e, por parte do trabalhador, pela adesão expressa ou tácita aos ditos regulamentos.
>
> 2 — Presume-se a adesão do trabalhador quando este não se opuser por escrito no prazo de 21 dias, a contar do início da execução do contrato ou da divulgação do regulamento, se esta for posterior.

---

[238] TELLES. *Op. cit.*, p. 311.

Já o art. 96 do mesmo Diploma legal trata do regime pelo qual serão tratados os contratos de trabalho com cláusulas contratuais gerais e tem a seguinte redação:

> O regime das cláusulas contratuais gerais aplica-se aos aspectos essenciais do contrato de trabalho em que não tenha havido prévia negociação individual, mesmo na parte em que o seu conteúdo se determine por remissão para cláusulas de instrumento de regulamentação coletiva de trabalho.

Analisar-se-á, neste capítulo, o regramento ao qual está sujeito o contrato de trabalho quando lhe são aplicadas as regras dos contratos de adesão, das cláusulas contratuais gerais, bem como se tentará traçar um paralelo com os contratos de consumo, que são os maiores exemplos de contratos de adesão e os quais possuem o maior espectro de normas protetoras.

Antes de adentrar nos meandros da matéria em questão, necessário lembrar, conforme já muito alegado nesse trabalho, que o trabalhador acaba sempre por aderir às normas impostas pelo empregador e os motivos pelos quais isso ocorre já foram demasiadamente exemplificados.

Porém, não se faz muito ressaltar que o trabalhador encontra-se sempre em uma posição de inferioridade, seja ela econômica ou técnica e, não só por isso, mas principalmente, não se encontra em condições de negociar as cláusulas que lhe são apresentadas no momento da contratação.

Ora, é cediço que o trabalhador, quando se encontra em uma entrevista de emprego, via de regra, não tem a liberdade de optar e discutir, com seu futuro empregador, aquelas condições de trabalho que já lhe são colocadas prontas, previamente elaboradas.

Reafirmam esse entendimento as palavras de Scheilla Regina Brevidelli[239]. Para ela:

> O momento da formação do contrato de emprego é um momento delicado para o futuro empregado (a parte aderente), levando-se em conta o momento conjuntural de desemprego massivo. A discordância quanto a qualquer cláusula contratual pode, neste momento, significar a "perda" da vaga a outro candidato concorrente.

É esse o entendimento aqui. De que, a maior parte dos contratos de trabalho é por si só, contrato de adesão, independente do regramento que lhe for aplicado. Isso porque é nítido o papel de aderente do trabalhador, já que encontra óbice na sua condição hipossuficiente para discutir, opinar e, quiçá, alterar cláusulas do seu contrato laboral.

De todo o modo, não se pode deixar de estudar, mesmo que em linhas gerais, alguns dos pormenores da matéria em questão. Até mesmo porque o que se discute

---

[239] BREVIDELLI, Scheilla Regina. *Manifestação de vontade no contrato de emprego*: limites interpretativos e a tarefa do juiz. Disponível em: <http://jus2.uol.com.br/doutrina/texto.asp?id=1153> Acesso em: 15.10.2008.

aqui é exatamente isso: tendo em vista que cabe ao trabalhador apenas aceitar as cláusulas previamente estabelecidas pelo empregador, não encontrando a possibilidade de contestá-las, deve o ordenamento jurídico procurar soluções para que o consentimento desse empregado que só possui a alternativa de aderência ao que lhe for imposto seja protegido em sua integridade.

Conquanto houvesse dúvidas anteriores ao novo regramento trabalhista sobre a aplicação ou não do regime das cláusulas contratuais gerais aos contratos de trabalho, o legislador decidiu, com a introdução dos arts. 95 e 96, dissolver qualquer dúvida existente, concluindo, portanto, que são aplicáveis ao Direito Laboral as normas previstas nesse sentido.

Pedro Romano Martinez[240], em seu comentário acerca do art. 96 do CT, explica detalhadamente como é o mecanismo de emprego do regime das cláusulas contratuais gerais ao contrato laboral:

> Se não foi negociado o conteúdo do contrato de trabalho entre o empregador e o trabalhador, nomeadamente porque, como vulgarmente ocorre, o trabalhador se limita a assinar um formulário comum, previamente elaborado pelo empregador para a contratação de todos os trabalhadores, a validade das cláusulas constantes desse contrato será aferida em função do disposto no regime das Cláusulas Contratuais Gerais.

Via de regra, todos os contratos de trabalho (falando aqui, como já referido, dos trabalhadores em geral, do homem médio, e não dos funcionários de alto escalão) restam de adesão, já que a teoria levantada neste estudo é de que o trabalhador não goza de liberdade de contratação. Claro fica então que, ao utilizar-se esse regime nos contratos de trabalho, passa a ter o trabalhador uma maior proteção, tendo em vista que o intuito desse regramento é fundamentalmente proteger a parte débil da relação contratual.

Aplica-se à matéria o Decreto-lei n. 446/1985 que define as regras aplicáveis aos contratos com cláusulas gerais. Esse Decreto sofreu duas alterações, a primeira prevista no Decreto-Lei n. 220/1995 e, posteriormente, no Decreto-Lei n. 249/1999. Esse último teve o escopo principal de adequação das normas nacionais à Diretiva n. 93/13/CEE da Comunidade Europeia.

Para o tema aqui tratado, relevância se dá à inserção do número dois, no art. 1º, pelo Decreto-lei n. 249/1999, definindo que o Diploma que rege as cláusulas contratuais gerais é também aplicável aos *contratos individualizados*, que tenham *conteúdo previamente elaborado* sem a participação do outro contraente.

Como bem explica J. Oliveira Ascensão[241]:

---

(240) MARTINEZ, *Código do trabalho anotado*, cit., p. 253.
(241) ASCENSÃO, José de Oliveira. Cláusulas contratuais gerais, cláusulas abusivas e boa-fé. In: *Separata da Revista da Ordem dos Advogados*, Lisboa, ano 60, II, p. 578, abr. 2000.

O que acontece é que a lei portuguesa ultrapassa a diretriz, pois regula todos os contratos individualizados, e não apenas contratos individualizados com consumidores.

É exatamente esse o caso dos contratos de trabalho, uma vez que, na grande maioria dos casos, são contratos individualizados, aos quais o trabalhador não tem acesso anteriormente e nem possui a chance de influenciar no seu conteúdo.

Ora, existe então aqui algum tipo de proteção à qual nos referimos durante todo o trabalho, entretanto, não se acredita ainda que isso, por si só, seja suficiente. Por dois motivos: a um porque na sua essência não protege na íntegra o consentimento do trabalhador, apenas a possibilidade de discutir o que foi colocado em seu contrato laboral. E a dois, porque se espera que a evolução do Direito Laboral, por social que é, reveja algumas doutrinas e repense na insuficiência da proteção pós-contratual e possa haver a chance de o empregado, no momento de conclusão do seu negócio, poder discutir, opinar e, quem sabe, ver acatadas as suas reivindicações, isso tudo em um contrato tão mais seu do que qualquer outro, uma vez que, como já dito, está em causa a sua pessoa, a sua força física e o seu intelecto como contraprestação.

Tem o legislador a obrigação de definir normas que evitem, dentro do quanto possa ser possível, "iniquidade, assegurando o equilíbrio contratual que a hegemonia económica de uma das partes tende a subverter"[242].

A justificativa essencial para que os trabalhadores usufruam dos benefícios da proteção do regime das cláusulas contratuais gerais está no próprio texto introdutório do Decreto-lei n. 446/1985, que assim preconiza:

> Constitui a liberdade contratual um dos princípios básicos do direito privado. Na sua plena acepção, ela postula negociações preliminares íntegras, ao fim das quais as partes, tendo ponderado os respectivos interesses e os diversos meios de os prosseguir, assumem, com discernimento e liberdade, determinadas estipulações.
>
> (...) O fenómeno das cláusulas contratuais gerais fez, em suma, a sua aparição, estendendo-se aos domínios mais diversos. São elaborados, com graus de minúcia variáveis, modelos negociais a que pessoas indeterminadas se limitam a aderir, sem possibilidade de discussão ou de introdução de modificações. Daí que a liberdade contratual se cinja, de fato, ao dilema da aceitação ou rejeição desses esquemas predispostos unilateralmente por entidades sem autoridade pública, mas que desempenham na vida dos particulares um papel do maior relevo.
>
> (...) Sabe-se, contudo, que o problema das cláusulas contratuais gerais oferece aspectos peculiares. De tal maneira que sem normas expressas dificilmente se consegue uma sua (*sic*) fiscalização judicial eficaz. Logo, a criação de instrumentos legislativos apropriados à matéria reconduz-se à observância dos imperativos constitucionais de combate aos abusos do poder económico e de defesa do consumidor.

---

(242) TELLES. *Op. cit.*, p. 314.

Por maiores que sejam as vontades sentidas pela classe trabalhadora ao permitir a aplicação das leis que protegem os consumidores, não se pode negar a evolução do mundo capitalista que leva a uma tendência de, como já se afirmou, flexibilização das normas protetoras dos trabalhadores, em contrapartida ao proposto nas relações de consumo, em que se assiste a uma crescente normatização cada vez mais protecionista.

É assim, e para concluir a questão, que se encaixa mais uma vez o pensamento de Scheilla Regina Brevidelli[243]:

> A melhor interpretação dos contratos de adesão deve privilegiar a parte que não estipula as cláusulas de maneira pré-ordenada. Em outros campos do Direito, essa realidade também está presente, e o ordenamento jurídico tem concedido algumas formas de diminuição da desigualdade entre as partes. Nas locações e no Direito dos consumidores, podem ser encontradas regras nesse sentido. Por que não transplantar essa visão protetiva para o contrato de emprego, uma vez que o princípio da proteção é seu princípio mestre? A questão tem caráter político-ideológico evidente. Modernamente percebe-se um aumento da proteção ao consumidor, paralelamente ao crescente aumento de insegurança e precarização nas relações de trabalho. Isso se assenta no fato de que a economia capitalista tem seus pilares na intensificação do comércio e do consumo de mercadorias. Para tanto, necessita que haja segurança nas relações de consumo, enxergando a proteção dos trabalhadores como um entrave ao desenvolvimento e crescimento da atividade empresarial, hoje mais do que nunca fundada em padrões de competitividade e de modernização tecnológica de maneira intensificada.

Resta, portanto, nítido que há muito ainda que evoluir para que se consiga atingir o nível protetivo a que aqui se alude. Entretanto, não se deixa de valorizar o avanço alcançado pelo legislador português ao impor que o regramento das cláusulas contratuais gerais não ficasse restringido aos contratos de consumo e viabilizasse a sua aplicação aos contratos individualizados. E, graças aos estudos doutrinários já realizados, enquadrar os contratos de trabalho como contratos individualizados que, ao fim e ao cabo, são também contratos de adesão e, por ambos os motivos, merecem a proteção atingida pelas relações de consumo.

2. ALTERAÇÃO CONTRATUAL UNILATERAL

Existe no âmbito do Direito do Trabalho uma ampla discussão sobre qual o limite que deve ser imposto ao princípio do *ius variandi* nos contratos laborais. Tal

---

(243) BREVIDELLI, Scheilla Regina. Disponível em: <http://jus2.uol.com.br/doutrina/texto.asp?id=1153> Acesso em: 15.10.2008.

preocupação se justifica à medida que a alteração contratual unilateral, sempre feita pelo empregador (quem detém o *ius variandi*), pode acarretar, feito de forma abusiva, mais um ponto prejudicial para o trabalhador, que se vê sempre constrangido a aceitar aquilo que lhe é imposto.

Sabe-se, desde os primeiros estudos sobre a figura contratual, que o princípio regente dos contratos é o *pacta sunt servanda*, que significa dizer que o contrato faz lei entre as partes. Esse princípio visa à garantia mínima de segurança jurídica para os contraentes, tendo em vista que ao manifestarem a sua vontade estabelecem obrigações recíprocas que julgam serão cumpridas.

Nos dias atuais, a ideia de conceber o contrato como lei entre as partes e o ter como regra principal e imutável é ultrapassada. O que se apresenta na moderna doutrina é uma relativização desse princípio, tanto é que se pode afirmar que o *ius variandi* é um modo de "flexibilização" da figura do *pacta sunt servanda*.

Porém, quando se empregam tais princípios contratuais no Direito Laboral, deve-se ter muito cuidado, pois a alteração unilateral nesse negócio jurídico pode, como já dito, acarretar mais prejuízos à classe trabalhadora, por si só débil.

Explicam, de forma clara e objetiva, o modo pelo qual se opera o princípio do *ius variandi* no Direito do Trabalho, as palavras de Pedro Romano Martinez[244]:

> O poder de direção, em sentido técnico, tem em vista a conformação da prestação laboral; num sentido amplo, abrange igualmente determinadas alterações ao programa contratual, normalmente designadas por *ius variandi*. Mediante o *ius variandi* admite-se que, em certas circunstâncias, o empregador introduza modificações quanto a vários aspectos da atividade do trabalhador, mormente em relação ao modo de efetuar a prestação.

Dentro do Direito Laboral, o *ius variandi* corresponde a um poder atribuído ao empregador de poder alterar de forma unilateral as funções exercidas pelo empregador, ou seja, atribuir ao empregado o desempenho de uma atividade laboral que não tenha sido outrora definida no contrato de trabalho quando da celebração do vínculo de emprego.

De antemão já se pode visualizar o porquê de tal assunto estar sendo tratado neste estudo. Além das infinitas possibilidades, já descritas anteriormente, que possui o empregador de atribuir cláusulas ao contrato de trabalho, cabendo ao trabalhador apenas aceitar, poderão ocorrer, após a celebração e a sua vontade emanada não necessariamente de forma íntegra, alterações sobre a função que exerce, lhe sendo possível apenas aceitar a imposição para que possa permanecer no emprego.

---

(244) MARTINEZ. *Op. cit.*, p. 722.

2.1. AS CLÁUSULAS DE MOBILIDADE FUNCIONAL E GEOGRÁFICA

2.1.1. MOBILIDADE FUNCIONAL

A mobilidade funcional está prevista no art. 314 do CT, que tem a seguinte redação:

> O empregador pode, quando o interesse da empresa o exija, encarregar temporariamente o trabalhador de funções não compreendidas na actividade contratada, desde que tal não implique modificação substancial da posição do trabalhador.

De acordo com este preceito, alguns pressupostos são essenciais para que a alteração de função do trabalhador possa encaixar-se dentro do princípio do *ius variandi*:

— interesse *legítimo* da empresa que justifique a alteração;

— o exercício da nova função deverá ser temporário;

— A modificação da posição do trabalhador não poderá ser substancial.

O interesse legítimo que justifique a alteração unilateral colocando o empregado em posição diversa da contratada é fundamental para a configuração do princípio. Não poderá ocorrer de forma discricionária, sendo necessário que o interesse da empresa exija a mudança. O exercício temporário da nova função poderia gerar problemas para se determinar por quanto tempo seria permitido o exercício daquela função, entretanto, como o n. 4 do art. 314 do CT prevê que conte na ordem de alteração por quanto tempo a atividade será prestada, resta solucionada a questão. No entanto, ressalta-se que quando a empresa recorra a esta prática com frequência, e com alterações de longa duração, não se estará frente ao princípio do *ius variandi*, mas sim a uma irregularidade exercida pelo empregador. Com relação ao impedimento de alteração substancial na posição do trabalhador, pode-se alegar, em termos gerais, que não poderão ser estipuladas funções que exijam dele maior esforço físico ou psíquico do que aquele já exercido em sua função habitual[245].

Resta configurado então que a mudança da função do trabalhador é lícita quando verificada a existência dos pressupostos legais. Todavia, nem sempre aquilo que é previsto em lei é benéfico para o trabalhador, que se vê mais uma vez inserido em uma relação de dependência tal que acaba por aceitar tudo aquilo que lhe é imposto, tendo em vista que não lhe sobra outra alternativa.

O que se pode afirmar é que, pelo menos, a norma legal exige que o poder do empregador não seja exercido de forma discricionária, ao seu livre arbítrio.

---

(245) *Ibidem*, p. 725.

Nesse sentido, encontram-se os pensamentos de Pedro Madeira de Brito[246]:

> O exercício do *ius variandi* pelo empregador encontra-se condicionado à verificação de determinados pressupostos que são ao mesmo tempo os seus limites. Fala-se em pressuposto para colocar o acento tónico no facto de o direito de variar só ser lícito com a reunião das condições previstas na lei para o exercício do poder. Podemos preferir a designação de limites para determinar o âmbito da prestação devida pelo trabalhador por força do contrato de trabalho.

Enquanto se estiver diante de uma relação contratual em que uma das partes contraentes está sempre em desvantagem, seja ela econômica ou não, qualquer alteração daquilo que tenha sido acordado no momento de conclusão do negócio jurídico necessita de cautela. Isso porque caberá sempre à parte frágil aceitar aquilo que lhe é imposto.

No presente estudo fala-se do problema do consentimento do trabalhador às cláusulas que permeiam toda a sua execução laboral. Muitas vezes, aquele contrato acaba por conter regramentos que não condizem com a sua efetiva vontade, mas ele se vê obrigado a concordar, tendo em vista a sua posição inferior e a necessidade de emprego que lhe é inerente.

Ora, não se afirma que a alteração unilateral da posição exercida pelo empregado seja descabida, é claro que se tem a noção da importância do instituto, tendo em vista a dinâmica empresarial presente no âmbito em que se encontra o contrato de trabalho.

Porém, o que se quer destacar é, mais uma vez, a necessidade de uma proteção ainda maior quando se está diante de um contrato de trabalho, seja no momento da contratação, seja durante a sua execução.

2.1.2. MOBILIDADE GEOGRÁFICA

A mobilidade geográfica está definida no art. 315 do CT:

> O empregador pode, quando o interesse da empresa o exija, transferir o trabalhador para outro local de trabalho se essa transferência não implicar prejuízo sério para o trabalhador.

Também na mobilidade geográfica, assim como na funcional, alguns requisitos precisam estar presentes para que a alteração unilateral seja configurada. Tais requisitos são extraídos da própria leitura do artigo do CT.

---

(246) BRITO, Pedro Madeira de. *Código do trabalho anotado*, cit., p. 561.

Assim, faz-se necessário que a transferência não acarrete um sério prejuízo para o trabalhador e que exista também um *legítimo* interesse por parte do empregador[247].

Não se pode confundir a alteração unilateral por mobilidade geográfica com a simples mudança de local de trabalho quando, por exemplo, o empregador transfere um funcionário de um andar para outro. Esse tipo de transferência encontra-se dentro dos limites da *normal gestão empresarial* [248].

Tanto na mobilidade geográfica, quanto na funcional, não se pode perder de vista o objeto contratual, que, como cediço, deve ser sempre determinado ou determinável.

Para explicar e exemplificar a importância de ser o objeto do contrato determinado ou determinável, traz-se à baila os dizeres de João Leal Amado[249]:

> (...) O trabalhador não se poderá obrigar a prestar toda e qualquer atividade, em todo e qualquer lugar, sob a autoridade e direção do empregador. A exigência de determinação ou determinabilidade do objeto do contrato de trabalho é incontornável, quer quanto ao tipo de funções desempenhadas, quer quanto ao lugar de execução das mesmas. (...) Como observa Pedro Madeira de Brito, a propósito dos limites geográficos da prestação, "o trabalhador não se pode obrigar a executar as suas funções no Planeta Terra". De acordo com o disposto no próprio art. 280 do Código Civil, *o trabalhador comprometer-se-á*, por conseguinte, *a prestar ao empregador uma atividade funcional, temporal e espacialmente delimitada ou balizada* — sob pena de, não o fazendo, acabar por se ver colocado numa posição próxima da servil.

A transferência do local de trabalho é, sem dúvida, a alteração unilateral contratual que mais pode vir a ser prejudicial para o trabalhador. Sabendo disso, o

---

(247) Com relação ao pressuposto de não causar prejuízo sério ao trabalhador, ressalta-se que em caso de não concordância por parte do empregador por causar sério prejuízo, este pode demitir-se, tendo então direito à percepção de uma indenização. A caracterização desses requisitos, quando da alteração unilateral do local de trabalho por parte do empregador, fica clara com os ensinamentos de Leal Amado, quando diz: "... o empregador apenas poderá modificar o local de trabalho se tal transferência não implicar prejuízo sério para o trabalhador; em caso de prejuízo sério, o trabalhador poderá desobedecer à ordem patronal de transferência, visto que o dever de obediência tem como limite o respeito pelos seus direitos e garantias, conforme resulta do art. 121/1-*d* do Código ...". Já com relação ao legítimo interesse da empresa "... Convém não esquecer que o interesse da empresa é definido, em larguíssima medida, pelo respectivo titular, de modo que, na prática, não será esta ressalva que evitará os riscos tantas vezes associados a uma ordem de transferência do trabalhador — os riscos de tal ordem não se baseiam em reais razões do tipo gestionário, analisando-se antes num comportamento persecutório e/ou retaliatório por banda do empregador, tendente, não raro, a forçar o trabalhador a demitir-se". AMADO, João Leal. Local de trabalho, estabilidade e mobilidade: o paradigma do trabalhador *on the road*? In: *Temas laborais*. Coimbra: Coimbra, 2005. p. 72 e 76.
(248) MARTINEZ. *Op. cit.*, p. 730.
(249) AMADO. *Op. cit.*, p. 69.

legislador estipula no art. 317 do CT a obrigatoriedade de o empregador comunicar por escrito o trabalhador da sua transferência e o fazer com 30 (trinta) dias de antecedência.

É o tema da mobilidade geográfica, árido e controverso. Assim como nas alterações funcionais, não se pode negar que dentro do poder diretivo do empregador deve existir a possibilidade de transferir seus funcionários para outros locais de trabalho, no entanto, a mesma cautela deve ser imposta.

Para Maria Manuela Maia da Silva[250] a defesa da alteração unilateral do local de trabalho deve ter algumas restrições, como assim explica:

> (...) Ao defendermos a mobilidade do trabalhador como um meio de dinamismo profissional contra a estagnação, advertimos, contudo, que a flexibilização da mão de obra não pode tornar-se no instrumento de reafirmação do poder empresarial, nem ser a panaceia de todos os males empresariais, nem a sua falta pode constituir bode espiatório do fracasso das medidas empresariais.

Tal preocupação faz-se relevante à medida que, via de regra, o trabalhador define toda a sua vida em função do local onde presta o seu serviço, estabelecendo sua moradia, avaliando o seu tempo, o gasto com transporte, escola de seus filhos perto do local de trabalho etc.[251].

Leal Amado[252] assim define a importância do local de trabalho para o empregado:

> *Nós somos, em grande medida, o emprego que temos*, não será arriscado acrescentar que *nós vivemos, em boa medida, em função do sítio onde trabalhamos*. O *locus executionis* representa, pois, uma modalidade essencial da prestação de trabalho, o local de trabalho constitui, portanto, um elemento nuclear deste contrato.
>
> (...) A mudança do local de trabalho de um dos cônjuges/trabalhadores é susceptível de causar graves perturbações na respectiva vida familiar, visto que agora o outro cônjuge também trabalha e nem sempre lhe será fácil (ou, sequer, possível) acompanhar o primeiro. Parece-nos, pois, que, hoje como ontem (embora talvez por motivos algo diferentes), a estabilidade do local de trabalho é um valor importante, um valor que merece adequada proteção por parte do ordenamento jurídico-laboral.

Bem vistas as coisas, o que mais importa para o presente estudo é a possibilidade prevista pelo CT, tanto para a mobilidade geográfica (n. 3 do art. 315),

---

(250) SILVA, Maria Manuela Maia da. Mobilidade funcional: reflexões para um novo entendimento da mobilidade funcional do trabalhador, no contexto da relação de trabalho. Um estudo comparativo. In: *Revista Questões Laborais*, Coimbra: Coimbra, ano IV, n. 9-10, p. 62, 1997.
(251) MARTINEZ. *Op. cit.*, p. 729.
(252) AMADO. *Op. cit.*, p. 66/67.

quanto para a mobilidade funcional (n. 2 do art. 316), de, por estipulação contratual, as partes contraentes poderem *alargar ou restringir* as estipulações que dizem respeito a essas mobilidades.

Significa então dizer, mais uma vez, que no momento do seu consentimento, o trabalhador poderá também se sujeitar a limitações significativas quanto ao seu local de trabalho e funções exercidas, seja para mais, ou para menos.

Isso porque, como já bem explicado anteriormente, o trabalhador, como hipossuficiente que é e rendido à necessidade de ter um emprego, aceita aquilo que lhe é colocado pelo empregador no momento da conclusão do contrato de trabalho.

Ficar à mercê de futuras alterações unilaterais significativas no que tange o seu local de trabalho ou à sua função, antes mesmo de dar início ao labor e essas alterações estarem amparadas legalmente, é apenas dar embasamento à tese aqui levantada: de que o consentimento emanado pelo trabalhador, via de regra, não condiz com a realidade da sua vontade, mas sim com o constrangimento social ao qual está submetido e, portanto, mais do que necessária a intervenção normativa para que a sua manifestação de vontade seja a mais íntegra possível.

Poder alargar ou restringir, como determinado pelo CT, não pode significar que caberá ao empregador fazer alterações unilaterais, geográficas e/ou funcionais, a seu "bel prazer". Assim, não será válida a cláusula que estipular que o trabalhador possa executar a sua atividade laboral "no estabelecimento *x*, sito em Coimbra, bem como em qualquer outro estabelecimento que a referida sociedade possua, ou venha a possuir, à escala planetária"[253].

Mesmo assim, parece ter o CT concedido ainda mais poder ao empregador, consagrando o princípio de que a modernidade tem trazido uma flexibilização desenfreada às normas trabalhistas, esquecendo-se, portanto, da base mestre desse ramo jurídico, que é a tutela do mais fraco.

Para finalizar o pensamento exposto sobre o assunto, resguarda-se o direito de trazer à colação *ipsis litteris* os dizeres, mais uma vez, de Leal Amado[254]:

> Em todo o caso, é indiscutível que, em sede de mobilidade geográfica do trabalhador, o Código do Trabalho aposta, decididamente, no vetusto princípio da liberdade contratual e (sobre)valoriza o poder jurisgenético das partes — uma aposta algo estranha, se nos não esquecermos de que o contrato de trabalho é um contrato de adesão (entre o forte e o fraco é a liberdade que oprime...). (...) *Enquanto "direito da desigualdade", o Direito do Trabalho desconfia, desde sempre, do contrato individual, controla, por sistema, a liberdade contratual e restringe, por definição,*

---

(253) *Ibidem*, p. 79.
(254) *Ibidem*, p. 81/82.

a concorrência entre os trabalhadores no mercado laboral — tudo aspectos que o Código, no tocante à delimitação espacial da prestação de trabalho, parece ignorar ou, quando muito, menosprezar.

2.2. Análise do pacto de opção no contrato desportivo

O contrato de trabalho do praticante desportivo foi, primeiramente, regulamentado pelo Decreto-lei n. 305/1995, posteriormente revogado pela Lei n. 28/1998, que é o atual regime normativo desses negócios jurídicos.

De acordo com o art. 1º da referida Lei, o contrato de trabalho do praticante desportivo é:

> aquele pelo qual o praticante desportivo se obriga, mediante retribuição, a prestar atividade desportiva a uma pessoa singular ou coletiva que promova ou participe em atividades desportivas, sob a autoridade e a direção desta.

Aplicam-se também, subsidiariamente, as regras do CT, de acordo com o art. 3º do mesmo Diploma legal.

Como especificidade própria do contrato de trabalho do praticante desportivo, tem-se que ele é sempre pactuado a termo certo, conforme previsto no art. 8º, *in verbis:* "o contrato de trabalho desportivo não pode ter duração inferior a uma época desportiva nem superior a oito épocas".

Várias são as imposições diferenciadas trazidas pela Lei n. 28/1998, entretanto, uma característica típica dos contratos de trabalho dos praticantes desportistas chama a atenção doutrinária e, especificamente, possui relevância para o presente estudo: é o que se chama de pacto de opção.

Inocêncio Galvão Telles[255], explica o que vem a ser o pacto de opção nos seguintes termos:

> Consiste no acordo por força do qual uma das partes emite desde logo a declaração correspondente a um futuro contrato, ficando a ela vinculada, e a outra com a faculdade de vir ou não a aceitá-la. Aquela declaração vale como proposta irrevogável, não podendo o seu autor retirá-la, visto o destinatário a receber e conhecer, embora reservando-se a liberdade de aceitação ou não aceitação.

A utilização do pacto de opção nos contratos de trabalhos desportivos consiste, basicamente, numa vinculação única e exclusiva do desportista com o seu empregador e não contrário.

---

(255) O autor ainda menciona que o pacto de opção não é regulamentado pelo Direito português, no entanto é amplamente utilizado, colocando em conflito o preconizado pelo art. 405 do Código Civil, que trata diretamente do princípio da liberdade contratual. TELLES. *Op. cit.*, p. 240.

Para entender bem as coisas, pense-se que o art. 8º da referida norma legal prevê a duração do contrato desportivo por período não inferior a uma época desportiva e nem superior a oito épocas. Ora, pode ser que o empregador tenha o objetivo de contratar o trabalhador por apenas cinco épocas, mas, uma vez não tendo a certeza de que este ainda lhe será útil, contrata por apenas quatro épocas e insere ao contrato, naquele momento tão já difícil e aqui comentado que é o da conclusão do contrato, uma cláusula de pacto de opção.

Assim, o empregador retém o direito sobre a força laboral do trabalhador por todo aquele período, porém, o pacto de opção lhe dá o direito de rescindir o contrato após o término de duas épocas, não mais renovando o contrato com o praticante desportista. Ocorre, todavia, que para o trabalhador, o mesmo não ocorre.

Para o trabalhador, o pacto de opção, conforme sua definição, não possibilita a revogação, ficando atrelado ao contrato de trabalho pelas três épocas.

É claro que não se trata aqui de trabalhadores comuns, médios e com salários irrisórios, como é o caso dos trabalhadores que se enquadraram durante todo este estudo. Mas não se pode deixar de analisar que, mesmo se tratando, via de regra, de futebolistas com grandes ganhos salariais, existe aqui também um problema semelhante ao tudo quanto já exposto[256].

O praticante desportivo se vê, quando da celebração do seu contrato laboral, obrigado a aceitar a imposição da inserção do pacto de opção, tendo em vista que a maior parte dos contratos celebrados com empresários desportivos acaba por manter tal cláusula.

E é deste modo que surge a obrigação, por parte do trabalhador, de manter-se vinculado a um contrato por um período incerto. Sabe-se quando terá termo o contrato, já que todos os contratos de trabalho deste gênero são celebrados com data de finalização, no entanto, uma vez inserido o pacto de opção, o trabalhador não tem a certeza de que ainda terá seu emprego para mais aquela época e, em contrapartida, não pode também atrelar-se a outro empregador, já que talvez não esteja disponível naquele período.

Não se nega que existiu um pequeno interesse por parte do legislador em proteger a liberdade do trabalhador desportivo quando fixou, no art. 18 da

---

(256) Encontra-se em defesa dos praticantes desportivos o argumento de que são eles também os contraentes mais frágeis da relação contratual, independente do valor numérico de seu ganho mensal. Nesse sentido, são os dizeres de Leal Amado: "com efeito, dizer que os praticantes desportivos 'dominam o contrato' é tão mistificatório como o seria defender que o poder negocial do praticante é idêntico ao de um vulgar trabalhador operário têxtil, empregado de escritório, bancário etc. É óbvio que o praticante desportivo tem um poder negocial acentuadamente superior ao do trabalhador médio, mas a sua relação com a entidade empregadora nem por isso deixa de ser marcadamente assimétrica — justificando, por esta via, uma adequada tutela por parte do ordenamento juslaboral". AMADO, João Leal. Ainda sobre as cláusulas de opção e de rescisão no contrato de trabalho desportivo. In: *Temas laborais 2*. Coimbra: Coimbra, 2007. p. 190.

Lei n. 28/1998, a nulidade de cláusulas contratuais que forem inseridas com o intuito de limitar ou condicionar a sua liberdade de trabalho após o término do vínculo laboral.

Porém, fortes são os argumentos de que o pacto de opção nada tem a ver com essa limitação pós-contrato, mas sim, com o cerceamento da liberdade do desportista dentro do vínculo empregatício.

Para exemplificar e dar corpo aos argumentos mencionados, traz-se integralmente os dizeres do já tão citado autor Leal Amado[257], que se debruçou sobre o tema por mais de uma vez:

> Como é sabido, o art. 18/1 da Lei n. 28/1998 considera nulas as cláusulas inseridas em contrato de trabalho desportivo visando condicionar ou limitar a liberdade de trabalho do praticante *após o termo do vínculo contratual*. Ora, dir-se-á, esta disposição legal não revela em sede de pacto de opção, visto que, através deste, o que está em jogo é a própria *duração* da vinculação contratual do praticante, tratando-se de saber, tão só, quando termina o vínculo — recorde-se que, na lição de Baptista Machado, semelhante pacto de opção confere ao seu beneficiário um direito potestativo *modificativo*: o direito de prorrogação unilateral da relação contratual que atinge o seu termo.

Mesmo que não haja impedimento, segundo o preconizado pelo art. 18 da Lei n. 28/1998, não se pode concordar de pleno que o pacto de opção coaduna-se com o ordenamento jurídico vigente.

Por dois motivos: a um porque, conforme exposto, dá o direito de vinculação a apenas uma das partes contraentes, ficando a outra, no caso o trabalhador, à mercê da decisão de seu empregador, que pode dispensá-lo antes ou depois do período acordado (como no exemplo acima dado, ao final da segunda época — quando tem mesmo termo o contrato — ou aplicar a regra do pacto de opção e escolher mantê-lo por mais uma temporada), lhe restando claramente uma incerteza e fragilidade desnecessária a um indivíduo já desfavorecido em sua posição contratual. E a dois porque, mais uma vez, depois do tanto quanto já se discorreu acerca da importância da proteção da manutenção da integridade do consentimento do trabalhador no momento da celebração do contrato laboral, encontra-se mais um preceito permissivo de abuso por parte do empregador; preceito esse que, via de regra, será imposto e obviamente aceito pelos praticantes desportivos, que, como todos os outros trabalhadores, também se encontram em desvantagem perante a entidade empregadora.

Ressaltam-se ainda, os pensamentos doutrinários de que o correto, em termos de inserção do pacto de opção para os negócios laborais, seria a sua proibição ou, quando muito, a sua nulidade.

---

(257) AMADO. *Op. cit.*, p. 172.

Para os defensores da teoria proibitiva da cláusula, a partir do momento em que as partes acordam que o contrato de trabalho terá duração de cinco épocas, mas que, após o término da quarta, o empregador poderá denunciar o contrato, o que está realmente a acontecer é o despedimento sem justa causa, a qualquer tempo, tão claramente proibido pela norma maior, a CRP.

Respaldam tal entendimento, novamente, os dizeres de Leal Amado[258], sendo então partidário do entendimento de que o pacto de opção não se harmoniza com as normas legais vigentes em sede trabalhista, *in verbis:*

> Com efeito, se bem reparamos, em termos substanciais, prático-económicos, aquele exemplo equivale ao de um contrato de trabalho desportivo celebrado pelo prazo de três épocas, no qual se estipule que, no termo da segunda época de vigência, este será livremente denunciável pelo clube/empregador. Ora, sucede que uma tal cláusula de denúncia patronal *ad nutum* seria manifestadamente inválida em sede de contrato de trabalho desportivo. O sistema do despedimento livre, *ad nutum*, foi proscrito pelo art. 53 da Constituição da República, tendo igualmente (e logicamente) sido rejeitado pela Lei n. 28/1998 (...). Vistas as coisas sob este prisma, o pacto de opção a favor do clube surge, cristalino, como um instrumento tendente a defraudar as normas que regem o contrato de trabalho desportivo.

Não se tem o objetivo de esmiuçar o tema no presente trabalho, já que não é esse o assunto principal que o rege. No entanto, coerente com o que já se disse, a inserção do pacto de opção nos contratos de trabalho dos praticantes desportivos é mais um exemplo daquilo que se tem protestado até esse momento: de que é evidente a necessidade de uma maior proteção do trabalhador no momento da conclusão do contrato laboral, principalmente no que tange à sua manifestação de vontade.

Apenas para finalizar o entendimento do quanto prejudicial pode ser a estipulação de uma cláusula como o pacto de opção, não se poderia concluir o assunto sem transcrever o raciocínio impecável de Leal Amado[259] nesse sentido:

> (...) Previstos e proibidos que estão os despedimentos sem justa causa, a entidade empregadora desportiva encontra no pacto de opção um outro mecanismo desvinculatório, através do qual fica com as mãos inteiramente livres para extinguir (= não prorrogar) a relação contratual, ao passo que o praticante fica colocado numa situação de autêntica sujeição jurídica. O pacto de opção traduz-se, pois, numa forma oculta de violação da lei, num acordo *in fraudem legis*, que importa para o praticante um regime menos favorável do que o legal em matéria de prorrogação/cessação do contrato de trabalho desportivo.

---

(258) *Ibidem*, p. 172 a 174.
(259) *Ibidem*, p. 174.

Conclusão

Estudar a contratualidade do Direito do Trabalho e impor-lhe regras de origem civilista é um trabalho difícil e que requer cautela no seu processamento. Admitiu-se até o momento o emprego de conceitos jurídicos funcionais, que tinham o objetivo único de garantir a igualdade entre as partes em matéria de Direito dos contratos em geral.

A modernidade e o mundo capitalista implicaram na reavaliação desses conceitos, trazendo para a realidade laboral a certeza de que sem a flexibilização das normas de proteção do trabalhador, a economia empresarial estaria fadada ao fracasso.

A opinião aqui expressada não se colocou contra a flexibilização das leis trabalhistas, tendo em vista que a falência do mundo capitalista apenas geraria mais problemas, como o desemprego que acaba por assolar os países que não redimensionarem suas condições de labor.

No entanto, como bem se salientou durante todo este estudo, por trás das normas que regem o Direito Laboral encontra-se o trabalhador, tão facilmente qualificado como hipossuficiente que suas normas protecionistas foram criadas exatamente para lhe assegurar um tratamento mais igualitário.

Faz-se necessário, na medida em que as normas forem favorecendo o crescimento econômico, que se preste bastante atenção às regras regulamentadoras das relações de labor, pois, não é possível admitir que a função primordial do Direito em sede trabalhista seja abandonada, deixando o trabalhador, já desigual, ainda mais fragilizado perante as situações encontradas quando da celebração, execução e fim do seu contrato de trabalho.

Não se nega a suma importância do contrato de trabalho para o desenvolvimento econômico, todavia, não se pode perder de vista que é também por intermédio do trabalho que se dignifica o homem concreto.

Foi com esse objetivo que se desenvolveu o presente trabalho. Ao estudar as figuras civilistas e transpô-las para o momento da celebração do contrato de trabalho, percebeu-se quão árdua e difícil pode ser essa aplicação.

Ter a boa-fé como pilar mestre de todas as relações contratuais foi o mínimo que se pode concluir. É cediço que não se pode conceber relações contratuais sem que a confiança recíproca esteja presente. Concluiu-se assim que os contratos de trabalho, não mais do que os contratos civis, mas substancialmente, também devem ser regidos pelo instituto da boa-fé, se não mais, pelo menos porque se está frente a um negócio jurídico diferenciado, em que a igualdade material, talvez, nunca seja alcançada.

Percebeu-se que é por meio da boa-fé e com a digna aplicação dos princípios que norteiam a função social do contrato que se pode vislumbrar a mais correta atuação do contrato no mundo laboral. E é esse o escopo que se deve almejar.

Por diversas vezes, durante esse estudo, falou-se sobre os vícios do consentimento, analisando-se cada um deles e buscando a sua aplicação à situação-problema aqui colocada.

O tema central, como o próprio título sugere, é analisar o consentimento emanado pelo trabalhador no momento da celebração do contrato de trabalho e a celeuma colocada é a de saber se existe a possibilidade da sua manifestação de vontade ser emanada de forma livre e sem vício algum, de acordo com o que se espera de um acordo de vontades regido pela teoria geral dos contratos.

Pode-se concluir a partir da pesquisa realizada que, na verdade, não há condições de igualar o consentimento exarado pelo trabalhador às demais situações de manifestação de vontade contratual. Isso porque o empregado, no momento em que está à procura de emprego, acaba por se sujeitar à aceitação de tudo quanto lhe foi sugerido.

Ora, restou muito claro de todos os argumentos trazidos à baila que o trabalhador não se vê em condições de aceitar ou não determinado emprego, não existe a possibilidade de contratar ou não contratar. A realidade dos dias atuais é clara e o trabalhador sabe que ter um contrato de trabalho é a única maneira encontrada para sustentar a si e aos seus familiares.

Por mais de uma vez ao longo do presente estudo ressaltou-se ser o contrato de trabalho o único meio lícito por meio do qual o trabalhador sustenta-se, além de ser evidente de que é o negócio jurídico laboral um mecanismo de inserção social, sem o qual o trabalhador ficaria à margem da sociedade moderna.

Baseando-se nesses argumentos doutrinários e na nítida situação de fragilidade experimentada pelo empregado é que se pode chegar a algumas conclusões práticas e tentar (apenas tentar) encontrar soluções para que o seu consentimento seja íntegro.

Nesse sentido, ao analisar a aplicação dos vícios do consentimento ao contrato de trabalho, constatou-se que não é qualquer defeito jurídico contratual que se adequaria ao momento de manifestação de vontade do trabalhador que se visa proteger.

O que se buscou aqui não foi apenas a aplicação de um vício de consentimento comum, como acontece na maior parte dos casos em que esses vícios são verificados. Mas sim, empregar o defeito ao consentimento do trabalhador que já nasce viciado, tendo em vista que ele não está ali, perante aquele contrato de trabalho, com diversas cláusulas que não são de seu agrado, via de regra, por livre e espontânea vontade, mas sim, porque, como muito já dito, não possui a possibilidade de escolher onde e para quem trabalhar.

Assim, concluiu-se que o que existe, na verdade, no momento em que o trabalhador emana a sua vontade, é um vício não catalogado doutrinariamente. Seria então o caso de conceber a possibilidade de, vistas as coisas como elas são, estar o trabalhador coagido quando da celebração do contrato de trabalho. Porém, não se fala de uma coação moral ou física, como elencado nos diplomas legais que regulam a matéria, mas sim de uma coação social, por motivos já mostrados exaustivamente até aqui.

Em não bastando, apresentou-se ainda uma teoria de aplicação da simulação aos contratos de trabalho. Simulação essa que seria caracterizada no momento em que o trabalhador manifesta a sua vontade perante um contrato de trabalho que sabe ser prejudicial para si e concorda com a realização de um negócio simulado. A viabilidade de ser a simulação a resposta para o problema proposto está em ser admitido que é o trabalhador o maior prejudicado daquela relação à qual se submete, mesmo estando consciente dessa situação; além disso, não encontrar óbice na não configuração do intuito de enganar terceiros (que encontra fundamento ao admitir-se que, em se tratando de Direito do Trabalho, o que tem mais valia é o mundo dos fatos, o caso concreto, fazendo prevalecer sempre o princípio da primazia da realidade).

Analisaram-se também as regras aplicáveis aos casos de estado de necessidade, negócios usurários e lesão. A partir do estudo pormenorizado destas figuras jurídicas concluiu-se que o estado de necessidade, conforme previsto pelo CC não pode ser aplicado aos negócios jurídicos e, portanto, viu-se no negócio usurário a possibilidade de resgatar alguma alternativa para enquadramento do consentimento do trabalhador no momento de conclusão do contrato de trabalho. Questionou-se então, a probabilidade de ser a regra do art. 282 do *Codex Civile*[260], o recurso que se buscou durante todo o estudo até então realizado.

---

(260) "É anulável, por usura, o negócio jurídico, quando alguém, explorando a situação de necessidade, inexperiência, ligeireza, dependência, estado mental ou fraqueza de carácter de outrem, obtiver deste, para si ou para terceiro, a promessa ou a concessão de benefícios excessivos ou injustificados."

É claro que se trata apenas de situações hipotéticas, que não têm o intuito de se ter como verdade absoluta. Nem se tem a pretensão de afirmar que as propostas para solucionar o problema estão corretas. Apenas se teve a intenção de abrir o debate, de voltarem-se os olhos para uma questão não muito discutida pela doutrina e, aparentemente, não executada pelo legislador.

Por fim, enumeraram-se situações práticas advindas do fato de prevalência do empregador no momento da celebração do contrato de trabalho. Como é o caso do enquadramento do contrato de trabalho como um típico contrato de adesão, tendo em vista que as cláusulas ali colocadas são estipuladas individualmente e sem a participação do trabalhador.

Por óbvio que admitir o contrato de trabalho como um contrato adesão e equipará-lo à relação contratual com consumidor é de grande importância para o trabalhador. Todavia, não se faz suficiente. Concluiu-se então que, ainda é necessário que se voltem os olhos para a proteção do momento que o trabalhador anui ao contrato de adesão, tendo em vista a não possibilidade de discussão das cláusulas ali inseridas.

Falou-se ainda do pacto de opção dos contratos desportivos, situações em que não se está diante de um trabalhador médio, mas, nem por isso, deixa de merecer a análise de um estudo que se volta exatamente para a admissão, pelo trabalhador, de qualquer regra que lhe seja imposta pelo empregador.

E, foi nesse sentido que se concluiu que existe a possibilidade de ilegalidade das cláusulas inseridas nos contratos realizados com praticantes desportivos com o escopo de assegurar ao empregador a possibilidade de reter o jogador por mais uma época ou, não sendo de seu interesse, denunciar o contrato antes do tempo acordado.

Não se mostrou suficiente, para proteger a integridade do consentimento do trabalhador, nenhuma figura jurídica existente exatamente como encontrada no ordenamento jurídico vigente. O que se propõe, então, é que o tema seja cada vez mais debatido, com o objetivo primeiro de encontrar uma alternativa que dê, da melhor maneira possível, a possibilidade de o trabalhador ter a sua vontade respeitada, já que, como colocado anteriormente, mesmo as normas protecionistas atuais não se configuram suficientes para abraçar a causa em questão.

REFERÊNCIAS BIBLIOGRÁFICAS

ABRANTES, José João. Autonomia da vontade e direito do trabalho – breves considerações em relação com as novas regras sobre mobilidade dos trabalhadores introduzidas pelo código do trabalho. In: *Estudos sobre o código do trabalho*. Coimbra: Coimbra, 2004.

ACÓRDÃO do Tribunal Constitucional. Acórdão de 23 de dezembro de 2008, n. 632/2008. Relatora Conselheira Maria Lúcia Amaral. Processo n. 977/2008. Disponível em: <http://w3b.tribunalconstitucional.pt/tc/acordaos/20080632.html> Acesso em: 27.1.2009.

ACÓRDÃO do Supremo Tribunal Administrativo. Acórdão de 7 de fevereiro de 2002. Relator A. Macedo de Almeida. Número Convencional JSTA00057205. Disponível em: <http://www.dgsi.pt/jsta.nsf/35fbbbf22e1bb1e680256f8e003ea931/e77736a206b1dfa580256b65003b12aa?OpenDocument&ExpandSection=1> Acesso em: 12.10.2008.

ALMEIDA, Carlos Ferreira de. *Contratos I* – conceito, fontes, formação. 3. ed. Coimbra: Almedina, jul. 2005.

AMADO, João Leal. Local de trabalho, estabilidade e mobilidade: o paradigma do trabalhador *on the road*? In: *Temas laborais*. Coimbra: Coimbra, 2005.

_____. Ainda sobre as cláusulas de opção e de rescisão no contrato de trabalho desportivo. In: *Temas Laborais 2*. Coimbra: Coimbra, 2007.

ANDRADE, Thais Poliana de. *Novas perspectivas para a contratualidade no direito do trabalho:* reflexos do novo ordenamento jurídico constitucional. Dissertação de Mestrado apresentada à Universidade Federal do Paraná. Curitiba, 2005.

ASCENSÃO, José de Oliveira. Cláusulas contratuais gerais, cláusulas abusivas e boa-fé. In: *Separata da Revista da Ordem dos Advogados*, ano 60, II, Lisboa, abr. 2000.

BARACAT, Eduardo Milléo. A vontade na formação do contrato de trabalho: o problema do negócio jurídico. In: *O impacto do novo código civil no direito do trabalho*. São Paulo: LTr, 2003.

BREVIDELLI, Scheilla Regina. *Manifestação de vontade no contrato de emprego:* limites interpretativos e a tarefa do juiz. Disponível em: <http://jus2.uol.com.br/doutrina/texto.asp?id=1153> Acesso em: 15.10.2008.

CANELLO, Júlio. *Os contratos eletrônicos no direito brasileiro:* considerações preliminares. Disponível em: <http://www.angelfire.com/oz2/leituras/contratos.htm> Acesso em: 5.5.2007.

CARVALHO, José Quintella de. A função social do contrato e o direito do trabalho. In: *Novo código civil e seus desdobramentos no direito do trabalho.* São Paulo: LTr, 2003.

COELHO, Luciano Augusto de Toledo. Contrato de trabalho e a autonomia privada. In: *Contrato e sociedade.* Curitiba: Juruá, 2006. v. II: A autonomia privada na legalidade constitucional.

CORDEIRO, António Menezes. *Tratado de direito civil português I.* 3. ed. Coimbra: Almedina, mar. 2005. Parte geral. t. I.

COSSIO, Manuel de. *Frustraciones y desequilíbrios contractuales.* Granada: Comares, 1994.

COSTA, Alexandre Araújo. *A jurisprudência dos conceitos.* Disponível em: <http://www.arcos.adv.br/livros/hermeneutica-juridica/capitulo-iii-o-positivismo-normativista/3-a-jurisprudencia-dos-conceitos/> Acesso em: 5.12.2008.

COUTINHO, Aldacy Rachid. Função social do contrato individual de trabalho. In: *Transformações do direito do trabalho* — estudos em homenagem ao professor doutor João Régis Fassbender Teixeira. Curitiba: Juruá, 2002.

COUTURIER, Gerard. Les relations entre employeurs et salariés em droit français. In: *La protection de la partie faible dans les rapports contractuels.* Comparaison Franco-Belges. Bibliothèque de droit privé. Libriarie de droit et de jurisprudence, EJA, e les Centres de droit des obligations de l'Université de Paris I ET I´Université catholique de Louvain-la-neuve, 1996. t. 261.

DALLEGRAVE NETO, José Affonso. Transformações das relações de trabalho à luz do neoliberalismo. In: *Transformações do direito do trabalho* — estudos em homenagem ao professor doutor João Régis Fassbender Teixeira. Curitiba: Juruá, 2002.

_____. *Contrato individual de trabalho* — uma visão estrutural. São Paulo: LTr, 1998.

DELGADO, Mauricio Godinho. *Curso de direito do trabalho.* São Paulo: LTr, 2002.

DONATO, Messias Pereira. *Curso de direito individual do trabalho.* 6. ed. São Paulo: LTr, 2008.

FERNANDES, António Monteiro. Reflexões acerca da boa-fé na execução do contrato de trabalho. In: *V Congresso Nacional de Direito do Trabalho — Memórias,* Lisboa, 2002.

FERRAZ, Fábio. *Evolução histórica do direito do trabalho.* Disponível em: <http://www.advogado.adv.br/estudantesdireito/anhembimorumbi/fabioferraz/evolucaohistorica.htm> Acesso em: 11.1.2009.

FIUZA, César. A principiologia contratual e a função social dos contratos. In: *Novo código civil e seus desdobramentos no direito do trabalho.* São Paulo: LTr, 2003.

GIL, Ernesto J. Vidal. Los derechos de los colectivos vulnerables. In: *Cuadernos Constitucionales de La Cátedra Fadrique Furió Ceriol,* n. 11/12, Valencia: Departamento de Derecho Constitucional, 1995.

LEAL, Larissa de Moraes. *Aplicação dos princípios da dignidade da pessoa humana e boa-fé nas relações de trabalho* — as interfaces entre a tutela geral das relações de trabalho e os direitos subjetivos individuais dos trabalhadores. Disponível em: <http://www.planalto.gov.br/CCIVIL_03/revista/Rev_82/Artigos/PDF/Larissa_rev82.pdf> Acesso em: 15.10.2008.

LEITE, Jorge. Flexibilidade funcional. In: *Revista Questões Laborais,* Coimbra: Coimbra, ano IV, n. 9-10, 1997.

_____ . *Direito do trabalho.* Coimbra: Serviços de Ação Social da UC. Serviços de Textos. 2004. v. I.

LOISEAU, Grégoire. L'application de la théorie des vices du consentement au contrat de travail. In: *Études Offertes a Jacques Ghestin:* le contrat au debut du XXIe siécle. Paris: LGDJ, 2001.

MAINGAIN, Bernard. Les relations entre employeurs et salariés en droit belge (rapport belge). In: *La protection de la partie faible dans les rapports contractuels.* comparaison franco-belges. Bibliothèque de droit privé. Libriarie de droit et de jurisprudence, EJA, e les Centres de droit des obligations de l'Université de Paris I ET I´Université catholique de Louvain-la-neuve, 1996. t. 261.

MARTINEZ, Pedro Romano. *Direito do trabalho.* 3. ed. Coimbra: Almedina, jun. 2006.

MARTINEZ, Pedro Romano; MONTEIRO, Luis Miguel; VASCONCELOS, Joana; BRITO, Pedro Madeira de; DRAY, Guilherme; SILVA, Luis Gonçalves da. *Código do trabalho anotado.* 5. ed. Coimbra: Almedina, 2007.

MARTINS, Francisco Serrano. *A teoria da imprevisão e a revisão contratual no código civil e no código de defesa do consumidor.* Disponível em: <http://jus2.uol.com.br/doutrina/texto.asp?id=5240&p=1> Acesso em: 21.8.2008.

MARTINS, João Zenha. O novo código de trabalho e os "contratos de trabalho com regime especial": pistas para o enquadramento do contrato de trabalho desportivo. In: *Separata da Revista do Ministério Público,* n. 95, Lisboa: Minerva, 2003.

MAZURKEVIC, Arion. A boa-fé objetiva: uma proposta para reaproximação do direito do trabalho ao direito civil. In: DALLEGRAVE NETO, José Afonso; GUNTHER, Luiz Eduardo. *O impacto do novo código civil no direito do trabalho.* São Paulo: LTr, 2003.

MENDES, Mário. O princípio da boa-fé no direito do trabalho. In: *V Congresso Nacional de Direito do Trabalho — Memórias,* Lisboa, 2002.

MODERNO dicionário da língua portuguesa. Disponível em: <http://michaelis.uol.com.br/> Acesso em: 20.9.2008.

NUNES, Antonio José Avelãs. *Noção e objecto da economia política.* Coimbra: Almedina, 1996.

PINTO, Carlos Alberto da Mota. *Teoria geral do direito civil.* 4. ed. por António Pinto Monteiro e Paulo Mota Pinto. Coimbra: Coimbra, maio 2005.

RAMALHO, Maria do Rosário Palma. *Direito do trabalho.* Coimbra: Almedina, abr. 2005. Parte I: dogmática geral.

_____ . *Direito do trabalho.* Coimbra: Almedina, jul. 2006. Parte II: situações laborais individuais.

RIBEIRO, Joaquim de Sousa. *O problema do contrato. As cláusulas contratuais gerais e o princípio da liberdade contratual.* reimpr.Coimbra: Almedina, jun. 2003.

RIBEIRO, Joaquim de Sousa. *Direito dos contratos.* Coimbra: Coimbra, 2007.

SILVA, Guilherme Oliveira Catanho da. *Função social do contrato de trabalho como limite no ato de extinção contratual pelo empregador.* Disponível em: <http://www.calvo.pro.br/artigos/guilherme_catanho_silva/guilherme_catanho_silva_funcao_social_contrato.pdf>.

SILVA, Maria Manuela Maia da. Mobilidade funcional (reflexões para um novo entendimento da mobilidade funcional do trabalhador, no contexto da relação de trabalho. Um estudo comparativo). In: *Revista Questões Laborais,* Coimbra: Coimbra, ano IV, n. 9-10, 1997.

SÜSSEKIND, Arnaldo; MARANHÃO, Délio; VIANNA, José de Segadas; TEIXEIRA FILHO, João de Lima. *Instituições de direito do trabalho.* 22. ed. São Paulo: LTr, 2005. v. 1.

TELLES, Inocêncio Galvão. *Manual dos contratos em geral* — refundido e actualizado. 4. ed. Coimbra: Coimbra, ago. 2002.

THEODORO JUNIOR, Humberto. *Dos defeitos do negócio jurídico no novo código civil:* fraude, estado de perigo e lesão. Disponível em: <www.preparatorioaufiero.com.br/art/art8.doc> Acesso em: 12.9.2008.

TORRES, Andreza Cristina Baggio. Direito civil-constitucional: a função social do contrato e a boa-fé objetiva como limites à autonomia privada. In: *Contrato & sociedade:* a autonomia privada na legalidade constitucional. Curitiba: Juruá, 2006. v. II.

VALENTE, Denise Pazello. Direito do trabalho: flexibilização ou flexploração? In: *Transformações do direito do trabalho* — estudos em homenagem ao professor doutor João Régis Fassbender Teixeira. Curitiba: Juruá, 2002.

VICENTE, Joana Isabel Sousa Nunes. *A fuga à relação de trabalho* (típica): em torno da simulação e da fraude à lei. Dissertação (Mestrado em Ciências Jurídico-Laborais). Faculdade de Direito da Universidade de Coimbra, 2008.

VILLELA, Fabio Goulart. *A função social do contrato de trabalho.* Disponível em: <http://midiajuridica.com.br/pagina.php?id=6040>.

WALD, Arnoldo. *Curso de direito geral civil brasileiro:* obrigações e contratos. 14. ed. rev. e atual. São Paulo: RT, 2000. v. II.

Produção Gráfica e Editoração Eletrônica: R. P. TIEZZI
Projeto de Capa: FABIO GIGLIO
Impressão: PROL ALTERNATIVA DIGITAL

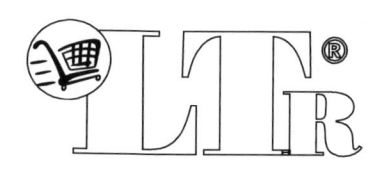

LOJA VIRTUAL
www.ltr.com.br

BIBLIOTECA DIGITAL
www.ltrdigital.com.br

E-BOOKS
www.ltr.com.br